SILKE SCHÄFER Hg.

und weitere Autor/innen

Catfluence

Das Buch

Teil 1: Kurzgeschichten aus der schnurrigen Welt der Katzen, erzählt von echten Miezen und von ihren Menschen.

Teil 2: Für Katzen-Neuanfänger und für erfahrene Halter gleichermaßen praktisch – eine Zusammenstellung von unterhaltsamen und nützlichen Informationen, die das kätzisch-menschliche Zusammenleben bereichern können.

Bereits erschienen: 2020 Anthologie FELIMANIA
2023 Anthologie MIEZOLOGIE

Das Buchteam

Sandra Brock lebt mit Mann (Zitat: „dem besten Ehemann von allen"), dem Dackel Spunk und einer Gruppe Katzen (zurzeit vier eigene plus zwei Dauerpfleglinge) in Dinslaken am Niederrhein. Sie ist Tanzschulinhaberin und Tanzlehrerin aus Leidenschaft, begeisterte Gärtnerin und Katzenfan seit ihrer Kindheit. Im Hause Brock befindet sich im Dachgeschoss die Pflegestelle für die Katzenhilfe Bocholt.

Natascha Kempers, im Hauptberuf kaufmännische Angestellte in einem Chemieunternehmen, gründete 2013 mit einigen Gleichgesinnten die Katzenhilfe Bocholt e.V. und amtiert als 1. Vorsitzende. Tiere sind für sie jeden Tag ein Thema, im Verein und auch privat. Am grünen Rand von Bocholt lebt sie mit ihrem Lebensgefährten sowie fünfzehn Katzen, zwei Eseln und zwei Ponys.

Silke Schäfer ist gelernte Grafische Zeichnerin im Ruhestand, die auch das Schreiben für sich entdeckt hat. Sie lebt mit Katern und Hund in Duisburg. Nach zwei Büchern im Themenbereich Fantasy widmete sie sich ab 2020 mit „Felimania" und „Miezologie" dem Herzensthema Tierschutz. Der vorliegende Band „Catfluence" ist das dritte Benefiz-Projekt für die Katzenhilfe Bocholt.

SILKE SCHÄFER Hg.

und weitere Autor/innen

CATFLUENCE

Geschichten für die Katz'

Anthologie

Bibliografische Information der Deutschen Nationalbibliothek: Die Deutsche Nationalbibliothek verzeichnet diese Publikation in der Deutschen Nationalbibliografie; detaillierte bibliografische Daten sind im Internet über dnb.dnb.de abrufbar.

Verlag: BoD · Books on Demand GmbH, In de Tarpen 42, 22848 Norderstedt
Druck: Libri Plureos GmbH, Friedensallee 273, 22763 Hamburg

ISBN: 978-3-7693-2010-7

Zeit, die man mit Katzen verbringt,
ist niemals verschwendet.

(Colette)

Danksagung

Geschichten für die Katz' – unter diesem harmlosen Motto fand 2019 eine Lesung in den Räumen der Tanzschule Bodywave statt, und die einfache Frage, ob es diese Kurzgeschichten auch in gedruckter Form gäbe, setzte eine Ereigniskette in Gang.

Damals, bei den ersten Überlegungen zu Inhalt und Erstellung von „Felimania", hätte ich mir das nicht träumen lassen: Nun halten wir das dritte Buch in Händen und können alle stolz auf uns sein. Dank vieler lieber Menschen, die ihre Geschichten mit uns geteilt haben, ist wieder etwas Schönes entstanden, das in gleichem Maße unterhaltsam und nützlich ist.

Das Buchteam bedankt sich bei allen Mitwirkenden ganz herzlich für die Mitarbeit, die Anteilnahme und das Zurverfügungstellen der so liebevoll geschriebenen Texte.

Silke Schäfer

Inhaltsverzeichnis

Teil 2: Allerlei Kätzisches

Vorwort

„Catfluence" – ein Wortspiel, das zum Nachdenken anregt. Katzen beeinflussen unser Leben, doch wir beeinflussen auch das ihre.

Es fängt schon mit der Entscheidung an, eine Mieze aus dem Tierschutz zu adoptieren. In den meisten Fällen wird dies eine große Verbesserung der Lebensqualität für das betreffende Tier bedeuten. Nicht immer ist etwas über sein Vorleben bekannt, man bekommt eine maunzende Wundertüte, die sich erst nach und nach öffnet.

Vielleicht liegt der neue Mitbewohner schon am selben Abend schnurrend mit auf dem Sofa, vielleicht braucht er zwei Wochen oder mehr, bis er Vertrauen fasst. Mein Kater Taki* hat sich über mehrere Jahre langsam immer mehr angenähert, und bis heute freue ich mich über jeden neuen Beweis seiner Bindung an mich.

Darum ist es schade um die vertane Chance, wenn eine Katze dem Tierschutzverein zurückgegeben wird, zum Beispiel mit der Begründung, sie käme ja auch nach drei Tagen nicht unter der Couch hervor. Je nach vorheriger Erfahrung braucht die Katze einen geduldigen Umgang, der nichts fordert und sie ihr eigenes Tempo finden lässt.

Einen anderen Einfluss können wir auf Katzen nehmen, die es noch gar nicht gibt. Ein rechtzeitiger Besuch beim Tierarzt, ein kleiner Eingriff, und schon ist das Phantom der ungebremsten Vermehrung gebannt. Wichtig: Das gilt auch für Tiere in reiner Wohnungshaltung. Denn erstens werden sie so nicht mehr von ihren Hormonen gesteuert, und zweitens kann zumindest in dieser Hinsicht nichts passieren, wenn die neugierige Mieze doch mal durch Haustür oder Fenster entwischt. Das passiert übrigens gar nicht so selten.

Und da sind wir schon beim Einfluss, den die Katzen auf uns haben. Sie überlassen uns einer neuen Verantwortung, stellen uns vor neue Aufgaben und schaffen es trotz aller Kapriziosität, sich für uns unverzichtbar zu machen. Ihretwegen stellen wir die Möbel um, schrauben Fenstergitter an, vernetzen wir den Balkon. Wir schaffen Platz für Kratzbäume und Kuschelkissen, sägen Löcher in Türen und heucheln Freude über Liebesgaben in Gestalt toter Mäuse. In unserem Freundeskreis rücken solche, die keine Katzen mögen, ans Ende der Skala. Und das alles für einen unvergleichlichen Augenaufschlag, begleitet von Schnurren und Pföteln. Katzen können allein durch untätiges Herumliegen Gemütlichkeit verbreiten, sie können fürchterliche Nervensägen sein, sie können schlechte Laune vertreiben. Sie können zuhören, uns komplett ignorieren, große Hunde in die Flucht schlagen. Mit Katzen zu leben bedeutet, sich auf Überraschungen einzulassen.

Die dreißig Geschichten in diesem Buch sind stellvertretend für ganz, ganz viele mehr, die unerzählt und unaufgeschrieben bleiben. Lässt man sich als Mensch auf die Katzenwelt ein, ist das die Chance auf wunderbare Momente mit diesen so besonderen Tieren.

Katzen im Tierschutz – sie wiederum haben ihre Chance auf ein gutes, ein besseres Leben; für manch altes Tier vielleicht die letzte überhaupt. Die Erkenntnis, dass wir nicht allen helfen können, sollte uns nicht davon abhalten, alles Mögliche zu tun. Denn Tierschutz ist an vielen Stellen nötig und wird es auch weiterhin sein.

Die Katzenhilfe Bocholt e.V. kümmert sich seit 2014 mit großem Einsatz um Streuner, Fundtiere, verletzte Tiere, Abgabetiere … lauter Einzelschicksale, die sich zu einer großen Zahl summieren. Hilfe für die Helfer ist auf unterschiedliche Weise möglich, und darum gibt es dieses Buch. Es ist nun das dritte seiner Art und wird hoffentlich den Tierschutz-Gedanken ein Stück weitertragen und gleichzeitig für einige zusätzliche Euros in der Spendenkasse sorgen. Ich bedanke mich herzlich bei allen, die sich an der Entstehung beteiligt und ihre Geschichten beigesteuert haben. Sie werden damit zu „Catfluencern", die den aktuellen und zukünftigen Tieren der Katzenhilfe Bocholt Unterstützung ermöglichen.

Es bleibt der Wunsch, dass Tierschutz in dieser Intensität eines Tages nicht mehr nötig sein wird, weil ein Umdenken stattgefunden hat. Bis es (hoffentlich) einmal so kommt, machen wir weiter, Tag für Tag. An dieser Stelle darum auch ein großer Dank an alle, die im Tierschutz tätig sind.

Silke Schäfer

Leider hat Taki sich Mitte November von dieser Welt verabschiedet. Er hatte sich im Laufe der Zeit zu einem souveränen Kater gemausert, nun hinterlässt er eine große Lücke. Sie wird nicht lange leer bleiben.

Hallo, hier schreibt der Raggi!

 In meinem Alter noch Cover-Model – das spricht für meine Qualitäten! Als Kitten war ich ja echt süß, meine Menschen-Mama postet immer noch gern Fotos da in dem Gesichtsbuch oder wie das heißt. Und jetzt bin ich erwachsen und mache verschiedene Jobs. Zuhause kümmere ich mich um Krankenpflege, das kann ich supergut und werde von meinen Mitkatzen unterstützt. Das hat die Mama übrigens aufgeschrieben, könnt ihr ein paar Seiten weiter selbst nachlesen.

Die Nachbarschaft überwachen, das ist auch wichtig. Und hier im Buch bin ich wieder euer stiller Begleiter … na ja, so still auch nicht. Den einen oder anderen Kommentar habe ich schon abzugeben.

Denn manche von den Geschichten, die ich euch hier präsentiere, sind echt schräg. Aber alle mitten aus dem Leben. Da könnt ihr mal sehen, dass auch andere Katzen Jobs machen. Wichtige sogar. Gebt es doch zu: Ohne uns wäre euer Leben todlangweilig.

Nach den Geschichten gibt es auch wieder so andere Sachen, Tipps und Bilder und so. Damit für jeden Geschmack was dabei ist.

Habe ich euch neugierig gemacht? Gut. Dann blättert weiter, und ich wünsche euch viel Vergnügen.

Euer Raggi

Aller guten Bücher sind drei

Nun haben wir also eine Trilogie … wie toll das klingt! Auch wenn es strenggenommen wohl doch keine ist, da jedes Buch für sich stehen kann und fürs Lesen nicht zwingend eine Reihenfolge einzuhalten ist.

Egal! Drei Bücher, das ist schon etwas, wofür man sich auf die Schulter klopfen kann. In dem Fall klopfe ich nicht nur auf meine eigenen, sondern in Gedanken auch auf die aller Beteiligten, die den Entstehungsweg mit mir zusammen gegangen sind. Ohne euch, ihr Lieben, gäbe es diese Bücher nicht.

Trotzdem ist hiermit nun Schluss. Nicht, weil es keine Geschichten mehr zu erzählen gäbe, nein … aber, wie nach der zähen Arbeit an der „Miezologie" schon befürchtet, war die Beteiligung hierfür noch ein bisschen mäßiger. Und da ich den Anspruch habe, nach Möglichkeit wieder auf die gleiche Seitenanzahl zu kommen, halte ich eine Fortsetzung der Reihe einfach nicht für realistisch.

Keine Sorge. Ich werde mir etwas anderes einfallen lassen. Etwas, das ich selbst, ohne große Beteiligung von außen, verwirklichen kann. Etwas, das hoffentlich auf Interesse stößt, Gefallen findet und gekauft wird, sodass weiterhin Geld an die Katzenhilfe Bocholt fließen kann.

Bis es soweit ist, vervollständigt nun also „Catfluence" das Buchtrio, auch hierbei bedeutet das pro verkauftem Exemplar 2,- Euro Spende für die Katzenhilfe Bocholt. Es ist schön zum Verschenken, praktisch als Nachschlagewerk, eine Zierde für jeden Bücherschrank.

Ich wünsche euch nun viel Spaß beim Lesen

Silke Schäfer

Teil 1

Geschichten

Wenn Goethe eine Katze gehabt hätte

Anja Alexandra

Wer eilet so spät durch Nacht und Wind?
Es ist die Mutter, sie will zu dem Kind;
Sie hat den Kater alleine zuhaus',
Sie glaubt ihn sicher, er kann ja nicht raus.

Sie denkt an ihn – was mag wohl sein,
Hat er gefressen so ganz allein?
Sind Schatten im Haus, hat er Angst oder nicht?
Im Geiste zum Kater am Fenster sie spricht:

Mein Kater, was birgst du so bang dein Gesicht?
    Siehst, Mama, du den Erlkönig nicht?
    Den Erlenkönig mit Krone und Schweif?
Mein Katzenkind, es ist ein Nebelstreif.

   Du liebe Mieze, komm, geh mit mir!
   Gar schöne Spiele spiel' ich mit dir;
   Manch' bunte Vögelchen flattern am Strand,
   Mein Vater webt dir aus Gold ein Gewand.

    Ach Mama, ach Mama, und hörest du nicht,
    Was Erlenkönig mir leise verspricht?
Sei ruhig, bleib liegen, mein Katzenkind;
In dürren Blättern säuselt der Wind.

   Willst, feine Miez', du mit mir geh'n?
   Meine Mäuse sollen dich warten schön;
   Meine Täubchen führen den nächtlichen Reih'n
   Und wiegen und tanzen und singen dich ein.

Ach Mama, ach Mama, und siehst du nicht dort
Erlkönigs Mäuse am düsteren Ort?
Mein Kind, mein Kind, ich seh' es genau:
Es scheinen die alten Weiden so grau.

Ich hole dich jetzt, du Plüschgestalt;
Und bist du nicht willig, so brauch' ich Gewalt.
Ach Mama, ach Mama, jetzt fasst es mich an…
Gefaucht und gespuckt, ins Fleisch mit dem Zahn!

Der Mama grauset's; sie eilet geschwind,
Denkt nur ans geliebte Katzenkind,
Erreicht den Hof, ihr Busen bebt;
Sinkt auf die Knie: Ihr Katzenkind lebt.

Weil wir uns oft mehr sorgen, als es notwendig ist. Weil
Katzen mit Diabetes zwar ständig latent in Gefahr schweben,
sie aber auch sehr stark sind. Weil wir alles für sie tun.

Anmerkung: Der „Erlkönig" steht hier für die unsichtbaren
Gefahren (die auch manchmal Hirngespinste von uns sind),
denen Katzen ausgesetzt sind/sein können.

Beinbruch

(Eine Gute-Nacht-Geschichte)

Gudrun Bernhagen

Wisst ihr, Kinder, was mir mal passiert ist?

Also, als ich so klein war wie ihr, aber schon so groß, dass ich Fahrrad fahren konnte, bin ich eines schönen Tages die Straße entlanggefahren. Es war schönes Wetter, und ich durfte mit dem Rad zum Bäcker fahren, um Frühstücksbrötchen zu holen.

Schon von weitem habe ich eine Katze am Straßenrand sitzen gesehen. Sie saß da, als ob sie auf mich wartete. Aber als ich mich ihr näherte, lief sie plötzlich über die Fahrbahn direkt auf mich zu. Ich wollte sie nicht überfahren und bremste vorsichtig ab. Aber genau in diesem Moment blieb die Katze mitten auf der Straße wieder stehen. Oh, denke ich, sie will mich erst vorbeilassen. Was für ein kluges Tier! Also fuhr ich wieder los. Aber genau in diesem Augenblick tat die Katze ebenfalls wieder ihre ersten Schritte und lief mir erneut entgegen. Ich wurde unsicher, kippte mit meinem Fahrrad um und brach mir das Bein.

Zum Glück hat unsere Nachbarin den Vorfall mitbekommen und meine Eltern und den Krankenwagen gerufen. Während ich so da lag mit meinen Schmerzen, beobachtete die Katze nur wenige Meter von mir entfernt das Geschehen. Bald schon kam der Krankenwagen und brachte mich ins Krankenhaus, wo mein Bein geröntgt wurde. Ich bekam schließlich einen großen Gipsverband und konnte nicht mehr laufen. Anschließend wurde ich auf ein Krankenzimmer gebracht und musste das Bein mit Hilfe einer Schlinge über meinem Bett hochlagern.

Meine Eltern blieben noch bis zum Abend bei mir und erklärten, dass es die Katze nicht böse gemeint hatte: „Sie würde sich bei dir bestimmt entschuldigen, wenn sie das könnte, denn eigentlich wollte sie nur in deinen Fahrradkorb springen. Sie hat ihr Frauchen verloren, das auch immer Fahrrad mit ihr gefahren war. Ihr Frauchen, auch ein Mädchen in deinem Alter, das dir sehr ähnlich sah, hatte ihr beigebracht, ins Körbchen zu springen. Das fand die Katze offensichtlich immer schön, sich durch die Gegend fahren zu lassen. Und alle Leute schauten und freuten sich darüber, wie sie dort so im Korb saß und sich spazieren fahren ließ."

Ja, wenn ich das gewusst hätte!

Aber mir tat die Katze leid, und ich war ihr auch gar nicht mehr böse. Ich fragte meine Eltern, ob die Katze bei uns bleiben könne. Wenn ich dann wieder aus dem Krankenhaus raus sein würde, könnten wir gemeinsam ihr Frauchen suchen. Am schönsten wäre es gewesen, wenn mir die Katze schon im Krankenhaus hätte Gesellschaft leisten können, damit ich nicht so allein im Zimmer wäre, aber das war leider nicht erlaubt.

Als ich wieder nach Hause kam und laufen konnte, gingen meine Eltern und ich gemeinsam auf die Suche. Wir befestigten Flugblätter an allen wichtigen Stellen, aber leider meldete sich niemand. Wenn vielleicht irgendwo ein anderes Mädchen traurig war, weil es ihre Katze verloren hatte, so waren wir, die Katze und ich, glücklich, weil wir uns gefunden hatten und nun Freunde waren.

Peppino

Tanja Birnbaum

Schon als Kind bin ich mit Katzen groß geworden. Jede war auf ihre Art besonders, und jede habe ich auf ihre Weise sehr geliebt.

Kurz nach meiner Hochzeit im Jahre 1999 verstarb meine Mutter nach langem Krebsleiden. Mein Mann und ich bauten ein Haus, doch irgendetwas fehlte. Eine Samtpfote, und am liebsten eine, die meinem Siamkater Erik ähnlich war, sollte her. Wir machten uns auf die Suche nach einem Züchter und wurden im Münsterland auch schnell fündig. Wir machten eine Anzahlung für den kleinen frechen Rassekater und hofften, ihn bald zu uns holen zu dürfen, sobald er zwölf Wochen alt war.

Am selben Tag rief abends Tante Rosemarie an und erzählte, dass meine Cousine Petra und deren Mann Ludger, der einen großen Schweinemastbetrieb in Coesfeld hatte, einen kleinen Wurf schwarz-weißer Katzenbabys hätten. Allerdings wolle Ludger sie keinesfalls behalten und sei nicht zimperlich, falls sich keine Interessenten für sie finden sollten.

Ich erzählte Rosemarie von unserem Kater, der bald einziehen sollte, und sie sagte ganz vehement: „Nein, Tanja - den sagt ihr wieder ab und nehmt ein Kätzchen von meiner Petra, sonst müssen die Kleinen sterben!"

Mein Mann und ich waren nun hin- und hergerissen, sagten aber dann der Züchterin des Siamkaters ab und fuhren eine Woche später nach Coesfeld zu meiner Cousine. Sie führte uns in den Schweinestall, der vorne eine kleine Abgrenzung für die Hühner hatte, und da lagen sie, die kleinen schwarz-weißen Knäuel, und maunzten jämmerlich vor sich hin.

Ein Katerchen sah uns mit seinen groß aufgerissenen Äuglein an und schrie. Petra nahm genau dieses hoch, legte es in meine Hand und sagte: „Den habe ich für euch ausgesucht".

Okay, dachte ich nur und schaute Bernd an. Wieso durften wir uns nicht selber einen der vier aussuchen?

Nun saßen wir also mit dem kleinen Zwerg im Auto Richtung Duisburg, und der schwarz-weiße Gnom wich mir nicht von der Seite, legte sich immer wieder in meine Halsbeuge. Hässlich und dick, dachte ich nur, dazu übersät von Flöhen und außerdem farblich so gar nicht nach meinem Geschmack.

Wie der kleine Kerl heißen sollte, war schnell klar: Peppino. Denn zu dieser Zeit hörten wir die Songs des italienischen Schlagersängers Antonello Venditti rauf und runter und u.a. das Lied „Peppino", welches wir immer wieder vor uns hin summten.

Peppino also sah mich an, schnurrte so laut und kräftig er nur konnte und wurde fortan zu meinem Schatten.

Peppi wusste, ob es mir gut ging oder nicht. Er schaffte es immer und immer wieder, Menschen, die Angst vor Katzen hatten, um den Finger zu wickeln, und er eroberte im Nu ihr Herz und ihr Vertrauen. Familienmitglieder, Freunde, aber auch Handwerker wie Schornsteinfeger, Gärtner usw., die unser Haus betraten, forderte Peppino stets zur Begrüßung auf. Und dies auf so eine lustige Art und Weise, dass viele Menschen, die Angst oder großen Respekt vor Katzen hatten, sich plötzlich trauten, den freundlichen Kater zu streicheln oder ihn sogar auf den Schoß zu nehmen, wenn er das wollte.

Peppino war beleidigt, wenn man ihn nicht ausgiebig begrüßte. Und so machte sich mein Vater, der ein leidenschaftlicher Hutträger war, einen Spaß daraus, wenn er zu uns kam, sich an den Tisch setzte und Peppino zunächst absichtlich ignorierte. Peppino sprang dann zu ihm auf den großen Esstisch, setzte sich vor meinen Vater, schaute ihn an und wartete auf seine Begrüßung per ausgiebiger Streicheleinheiten. Doch es passierte nichts! Dann lief Peppi zum anderen Ende des Tisches, machte eine Drehung und lief mit flotten, tapsigen Schritten mit seinem ganzen Katzenkörper am Kopf meines Vaters vorbei und stubste ihm die Mütze vom Kopf. Danach hatte unser kleiner Frechdachs sein Ziel erreicht. Er wurde von meinem Vater ausgiebig geknuddelt und gestreichelt. Peppi beschwerte sich dann noch kurz mit lautem Miauen bei ihm für das lange Warten, aber danach waren beide zufrieden und glücklich.

Ja – unser Peppi war einfach einzigartig … und für mich war irgendwann klar, dass dieser kleine Mann nicht zufällig in unser Leben gestiefelt kam. Peppi war ein Geschenk meiner Mum. Sie hatte ihn geschickt und dafür gesorgt, dass dieser Seelenkater unser Leben so unfassbar bereichern und glücklich machen sollte.

Am 22. Juli 2024 mussten wir Peppi mit zwanzig Jahren und zwei Monaten gehen lassen. Es ist nicht mit Worten zu

beschreiben, wie sehr wir diesen kleinen alten und besonderen Herrn vermissen. Er fehlt – überall! Es wird noch lange dauern, bis wir über den Verlust unseres Schätzchens hinweg sein werden. Vergessen? Vergessen werden wir Peppino niemals. Er wird immer einen Platz in unserem Herzen haben. Heute erinnert eine wunderschöne weiße Keramikurne, die unser Sideboard im Wohnzimmer, schmückt, an ihn. Mein Mann trägt ein Armband mit seiner Asche, ich eine Kette mit einem Herz als Anhänger und im ganzen Haus hängen wundervolle Momentaufnahmen dieses besonderen Wesens überall bei uns an den Wänden.

Danke, Mum, für diesen wundervollen und einzigartigen Schatz. Mit ihm warst und bist du uns von da oben auf ewig verbunden.

Wir Katzen sind echt die ultimativen Seelentröster. Wir haben so viele gute und heilsame Eigenschaften, dass die Ärzte uns eigentlich als Naturmedizin verschreiben sollten.

Dass wir auch supergute Pflegekräfte sind, könnt ihr im folgenden Text nachlesen.

JKK – Intensive Kater-Krankenpflege
- besser als privat versichert

Sandra Brock

Irgendwas vibriert und brummt.

Langsam werde ich wach. Das Vibrieren geht weiter. Das Brummen wird lauter.

Allmählich registriere ich die Situation: Ich liege auf dem Rücken, meine Beine sind hochgelagert (dem elektrisch gesteuerten Bettrahmen sei Dank), ich liege in meinem Bett, und ich muss … Pipiiiiiiiii!!!

Aber ich bin wie gelähmt. Bewegen ist nicht möglich. Auf meiner Bettdecke liegen Gewichte, gefühlt Zentner. Gefühlt überall. Ich will mich aufrichten. Pustekuchen. Ein warmer Zentner drückt mich runter. Und vibriert.

Langsam gehen meine Augenlider auf. Alles ist so schwer … und außerdem schwarz. Drumherum ist aber Licht. Das auf meinem Oberkörper ist ein schwarzer Kater. Okay. Der kleine Muck ist vor kurzem über die Regenbogenbrücke gegangen, also gibt es nur einen schwarzen Kater im Haus, der sich auf meinen Brustkorb legt und so tut, als sei er ein kleines Katzenbaby.

„Raggiiiiii, Mama muss mal … aufstehen …"

Keine Reaktion des Katers. Ich komme mir vor wie der gefesselte Gulliver am Strand von Liliput. Bewegungsunfähig liege ich darnieder und überlege mir, wie ich nun zum WC komme.

Ich greife nach der Fernbedienung meines Bettgestells und lasse das Kopfteil hochfahren. Inklusive meines Oberkörpers und meines schwarzen Schnurrers Raggi. Der sich jetzt empfindlich gestört fühlt, mit einem herzhaften Gähnen seinen Platz verlässt und sich neben meinem Körper auf die Bettdecke kuschelt. So bekomme ich endlich mal Luft.

Mit nun unverbauter Sicht werfe ich einen Blick auf meine Beine. Auf der Bettdecke liegt zwischen meinen Beinen Max, außen rechts daneben, lang ausgestreckt an der Kontur meines Beines, schmiegt sich Loki an. Kater vom Meter. Allmählich dämmert es in meinem vernebelten Hirn: Ich bin gestern am Knie operiert worden. Ambulant natürlich. Für eine Meniskus-OP legt man heute niemanden mehr ins Krankenhaus. Und für die Nacht hatte ich wirklich starke Schmerzmittel. Tillidin und Novalgin legen jeden Tänzer hin. Der beste Ehemann von allen hat vorübergehend mein Bett im Erdgeschoss aufgebaut, weil ich für vierzehn Tage keine Treppen bewältigen kann. Am OP-Tag hat mein lieber Mann mich betüddelt, ab heute bin ich allein. Aber nicht ganz, ich habe ja die Tiere, um mich zu behüten. Und den Job nehmen die ernst.

Okay. Ich habe jetzt zwei Aufgaben. Erstens: Wie kriege ich die Kater von meiner Bettdecke runter und meine Beine über die Bettkante? Und zweitens: Wie komme ich mit den schicken neuen Gehstützen zum WC, ohne dass die anhänglichen Vierbeiner sich um die Dreibeinerin schlängeln und wir alle mit der Nase auf dem Laminat enden? Denn eine Eigenschaft haben alle Katzen: Noch besser, als komplett in JEDEM Weg zu liegen, können sie sich IN JEDEN Weg schlängeln.

Aber zurück zum Problem: Ich muss dringend mal wohin. Das Fußteil ist flott runtergefahren, die Kater sind aber weniger flott von der Idee zu überzeugen, mein Bett zu verlassen. Kater auf Bettdecken wiegen Zentner, das ist bekannt. Es bedarf einer gewissen Durchsetzungskraft (Kater sind stur) und Überwindung (sie schlafen doch so süüüüüüß), die Jungs dazu zu bringen, meine Bettdecke zu verlassen. Meine Blase diskutiert mittlerweile mit mir in den schrillsten Tönen.

Beherzt schlage ich die Bettdecke zurück, hindere den neugierigen Max daran, auf meinem frisch operierten Knie herumzustapfen, stecke die Redonflasche in die Jogginghose, schiebe Loki sanft beiseite, der mir eine heilende Akupunktur am Knie verpassen möchte und arbeite mich an die Bettkante zu den Krü… Unterarmgehstützen. Loki und Max finden das alles extrem ungemütlich, springen vom Bett und setzen sich erwartungsvoll vor mich.

Sie beobachten meine Bemühungen vom Boden aus, als wollten sie kontrollieren, dass die Mama auch alles richtig macht.

Der beste Ehemann von allen hat für die beiden Krücken … Entschuldigung … das heißt ja Unterarmgehstützen … kurzerhand das Kaminbesteck zum Ablegen an mein Bett gestellt. Damit ich die Krück… Unterarmgehstützen ohne weiteres greifen kann.

Ich sitze auf der Bettkante und überlege einen strategisch perfekten Plan, um möglichst schmerzfrei die paar Meter zum WC zurückzulegen. Loki überlegt sich zeitgleich einen strategisch perfekten Plan, um mich zum WC zu begleiten.

Endlich stehe ich, bewaffnet mit den Kr… Unterarmgehstützen, und mir wird kurz schwarz vor Augen. Ich warte noch einen Moment, lade meinen Blutdruck höflich ein, mich mit Loki zum WC zu begleiten und hopse mutig los. Gemeinsam begeben wir uns auf den laaaangen Weg. 2 Wesen, 5 Beine, 2 Unterarmgehstützen und 1 Blutdruck. Wir sind ein bemerkenswertes Gespann. Max folgt uns, als wolle er sichergehen, dass ich unterwegs nicht auseinanderfalle.

Angekommen. Max bleibt im Esszimmer sitzen und beobachtet uns. Loki wartet diskret im Abstand von 50 cm vor der Tür des Örtchens. Ich komme mir echt wichtig vor mit solchen Bodyguards, während ich mich im engen Gäste-WC hin und her rangiere. Wie hinsetzen, ohne das operierte Knie zu beugen? Wohin mit den dämlichen KRÜCKEN!?!?

Fragend blicke ich zu Loki. Der Kater hat auch keinen Rat, aber zumindest kann er niedlich schauen. Ich spiele weiter Klo-Tetris, derweil entweichen mir derbe Flüche über den Architekten, der es geschafft hat, ein Gäste-WC in der Größe eines Schuhkartons zu entwerfen. Dem Kater sind meine verbalen Grobheiten schnurz. Er beobachtet mit stoischer Gelassenheit mein Unterarmgehstützenballett.

Schrumms, kascherpel! Die Redonflasche rutscht aus der Tasche und rollt über den Boden, gradewegs auf Loki zu. Der springt mindestens einen halben Meter hoch und verwandelt sich blitzartig in einen Waschbären. Sein Schwanz gleicht einem Pfeifenputzer auf Ectasy, und der langbeinige Kater landet auf seinen Krallenspitzen. Geräusche und plötzliche Bewegungen sind nicht seine Welt, Loki ist ein eher scheuer und zurückhaltender Geselle. Umso erstaunter war ich schon, dass er mich in der Nacht bewacht hat. Sonst schläft er nie bei mir. Nachdem der Scheck sich gelegt hat und ich mich unter Flüchen nach Erledigung meines Anliegens wieder in die Vertikale gearbeitet habe, kommt der großrahmige Tiger mit den weißen Beinen langsam wieder zum Vorschein.

Der Rückweg gestaltet sich abenteuerlich. Meine Safari durch das Erdgeschoss führt mich nach drei Hüpfern aufgrund der penetrant plärrenden Kater kurzerhand in die Küche. Der Dackel verlässt sein Kuschelkörbchen und legt den perfekten Dackelblick auf. Mit Augenaufschlag und tanzenden Augenbrauen.

Alle verhungern.

Innerhalb der nächsten 20 Sekunden.

Mit der Lautstärke einer Rauchmeldeanlage.

Und ich böse böse Katzen- und Hundemami habe das nicht mitbekommen!

Der Katzenpapa hat heute früh zwar gefüttert, aber die Katzen bestreiten es vehement. Außerdem sei das Stuuuuunden her. Schließlich habe ich zu der Zeit noch von Schmerzmitteln umnebelt im Krankenlager gelegen. Ich kann also gar nicht mitreden und überhaupt sei Menschenbewachung am Krankenbett sehr kräftezehrend!

So die Argumente der Kater. Der Dackel bestätigt die Aussagen mit tanzenden Augenbrauen.

Wie aus dem Nichts taucht jetzt das runde Paulinchen auf und singt die Arie der verhungernden Hofkatze. Verstärkt wird sie schnell von Tante Jo, und das Ganze entwickelt sich zu einem vehementen *Duetto buffo di due gatti* * unter der Kühlschranktür.

Ein zweites Frühstück, nichts weniger fordern die Herrschaften zur Belohnung ihrer Krankenpflege. Aber bitte mit Sahne! Kaffeesahne! Im letzten Moment schaffe ich es, Katzenfutter auf die Futterteller, Hundefutter in den Dackelnapf zu füllen. Niemand muss verhungern.

Da sich nun ein weiteres Haustier bemerkbar macht, und zwar in meinem Knie, begebe ich mich mittels meiner Krück… der Unterarmgehstützen mehr oder weniger zügig (eher im Schneckentempo) zurück zum Bett. Niemand begleitet mich, die kleinen Krankenwächter sind alle mit ihrer Mahlzeit beschäftigt.

Das Haustier im Knie, ein kleiner Specht, baut fleißig an seiner Eigentumswohnung. Klopf klopf klopf … Es wird Zeit, das Bein wieder hochzulegen.

Am Bett angekommen finde ich Raggi, der sich gemütlich quer im Bett platziert hat. Auf dem Rücken. Ich kämpfe kurz mit mir, ob ich ihn einfach so vertreiben kann, danach mit ihm um meinen Liegeplatz. Denn der Specht in meinem Knie fängt an, die Taktzahl zu erhöhen. Ich schiebe den dösenden Kater an die Seite. Widerwillig räumt er das Feld. Schließlich ist das sein Bett, meint er. Nur wenige Minuten später liegt er quer über meinen Körper. Schnarchend. Warum war der eigentlich nicht bei der Schar der hungrigen Bewacher? Ich schnuppere an seinem Bärtchen. Sein Atem riecht nach Katzenfutter mit Fisch. Und die Pfoten sind noch nass vom Gras draußen. Aha, er war wieder bei der netten alten Dame in der Nachbarschaft frühstücken. Kein Wunder, dass er immer runder wird …

Max und Loki kehren nach ihrem ausgiebigen zweiten Frühstück zurück zu mir und belagern erneut zielsicher mein operiertes Bein. Max links, Loki rechts. Bewegen verboten.

Ich überlege, dass ich hier mit meinen tierischen Krankenpflegern sehr gut fahre. Ich werfe ein paar Schmerztabletten ein, genieße das Schnurren meiner Kater und denke beim Einschlafen noch: Das ist besser als privat versichert …

*Italienisch für „Humoristisches Duett für zwei Katzen" von G. Rossini

Lillifee, die Hundedompteurin
oder: Wie ein Flummi zum Katzenversteher wurde

Sandra Brock

Kurze Vorgeschichte: Im Tanz muss frau sich hin und wieder um ihre Arme kümmern. Gerade beim Orientalischen Tanz, denn die Arme und Hände bilden den Rahmen für die Geschichte, die der Körper erzählt. Oriental ist ein Solotanz, und die Tänzerin hat keinen Partner, an dem sie sich festhalten kann. Sie verfügt im Tanz autark über Hüften, Beine und eben die Arme.

Eine dieser dekorativen Figuren heißt „Schlangenarme", dabei bewegen sich die Arme im Idealfall wie das Tier, von dem sie den Namen hat. Anmutig schlängelnd lässt die Tänzerin sie an der Seite ihres Körpers schweben. Wenn es gut läuft. Wenn es nicht so gut läuft, erinnern die Armbemühungen an eine Boa Constrictor mit Magenkrämpfen. Ergo muss das regelmäßig geübt werden.

Meine Schülerinnen arbeiteten fleißig ihre Grundübung mit den Schlangenarmen, und ich ging durch die Reihen, um zu korrigieren, als ich an einer Dame vorbeikam, deren Arme völlig verschrammt waren. Mir rutschte raus: „Oh, hast du Socken aus NATO-Draht gestrickt?"

Sie grinste: „Nee, wir haben Kitten, die sind drei Monate alt und echt wild drauf."

„Was denn für Kitten?"

„Maine Coon, und die sind ziemliche Rabauken."

Als begeisterte Katzenmami kam ich nach dem Unterricht mit ihr ins Gespräch über diese Katzenrasse, von der ich bis dato nicht viel gehört hatte. Eine Katze sei abzugeben, erzählte sie, die Katze habe mal Babys bekommen und sei nun

29

kastriert und zur Vermittlung. Denn seit der Kastration wäre sie nicht mehr Chefin und es käme zu ständigen Rangkämpfen. Die Kleine sei echt toll und eine sehr soziale Katze, die unbedingt eine Gruppe brauche.

Also zog die „Kleine" bei uns ein. Ein riesiges Katzenweib, größer als unser damals größter Kater Luke, die Schulterhöhe noch höher als bei unserem Dackel. Okay, das ist jetzt nicht so schwer. Damals jedoch wusste ich nicht, dass Maine Coons einfach riesige Katzen sind. Gegen die Dame sah unser Dackelrüde Cliff echt mickerig aus.

Sie hieß Azalee of Starbushway und war eine mit Papieren und Zertifikaten, Pokalen und Schleifchen ausgezeichnete, sieben Kilo schwere Mäusejägerin. Eigentlich sah sie völlig unspektakulär aus, wie eine langhaarige, viel zu groß geratene Bauernhofkatze. (Was Maine Coons in ihrer ursprünglichen Version auch waren, bevor der Mensch anfing, in ihrem Genpool herumzupfuschen). Sie hatte am Bauch und am Kragen weißes Fell mit großen getigerten Flächen.

Sie war die geborene Anführerin. In Nullkommanix war sie die Herrscherin des ganzen Hauses, des Gartens und der Nachbargärten. Der Hund war für sie ein netter Kumpel (unser Cliff war aber auch wirklich sehr katzenkompatibel), die anderen Katzen akzeptierten sie aufgrund ihres freundlichen Wesens sofort. Ein verwaister Kater namens Murz aus der Nachbarschaft wurde ihr Freund. Das Herrchen von Murz, er wohnte zwei Häuser weiter, war verstorben, und die Erben interessierten sich nicht für den Kater, nur für Herrchens Eigentumswohnung. Unsere Chefcat Lillifee of Gudrunway (so nannten wir sie, denn den Namen Azalee fanden wir ein bisschen doof) sorgte dafür, dass Murz bei uns einzog, sie brachte ihn kurzerhand im Schlepptau zum Essen mit. Zankten sich unsere Kater, ging sie dazwischen.

Sie war eine außergewöhnliche Katzendame. Mit dem Selbstbewusstsein einer Löwin.

Zu der Zeit hatten Freunde von uns einen kleinen Hund namens „Flummi". Der Name war Programm, denn seine Mami war eine Jack-Russel Hündin, wie man deutlich sah. Sein Papa war aber vermutlich 'ne Ectasy-Pille, auch das war mehr als offensichtlich.

Flummi hatte auch eigene Katzen im Haushalt, allerdings wohnten die nur im Obergeschoss und trauten sich nicht nach unten, wenn der Hund daheim war. Er war ein passionierter Jäger und rannte allem hinterher, was sich bewegte. Andere Hunde, Fahrräder, Vögel, Bälle, Kaninchen und natürlich – Katzen.

Nun fuhren die Freunde mal weg, und wir hatten Flummi für ein Wochenende zur Betreuung bei uns. Mit unserem Cliff, dem gechilltesten Dackel der Welt, verstand er sich hervorragend. Kunststück – Cliff hatte ein ausgeprägtes Selbstbewusstsein und rannte nicht vor ihm davon.

Flummi kam zu uns, und auch unsere Katzen, soweit sie daheim waren, verkrümelten sich wegen seines rüpelhaften Benehmens in die obere Etage oder nach draußen. Auf diese Granate hatte irgendwie keiner Bock.

Dann entwickelte sich ein besonderes Schauspiel.

Die Bühne: Ein Wohnzimmer mit einer großen Fläche in der Mitte, am Rand eine Sitzgruppe mit Wohnzimmertisch. In der Mitte des Zimmers ein Flummihund, der mit einem Gummiflummi spielte. Hops – kläff – hops – kläff – hops – kläff … Im Hundekörbchen ein abgenervter Dackel, dem die ganze Szene etwas zu unruhig war.

Auftritt Lillifee of Gudrunway. Keine halbe Stunde, nachdem wir diesen hundgewordenen Clown mit Überschallfunktion bei uns hatten, betrat Chefcat die Szene. Wir dachten, sie sei oben, aber sie wollte doch mal schauen, wer zu Besuch gekommen war und mit diesem Höllenlärm ihren Schönheitsschlaf störte.

Lillifee schlenderte gemächlich in ihr Wohnzimmer und hielt schnurstracks mit erhobenem Schwanz auf den Besucher zu. Ihr Selbstbewusstsein ließ sie noch größer erscheinen als sie ohnehin schon war. Sie fand sich völlig im Recht. Schließlich hatte der Eindringling mit dem Lärmpegel eines startenden Airbus sich weder persönlich bei ihr vorgestellt noch um Erlaubnis gefragt, ob er die gleiche Luft atmen durfte wie sie und ihr Hofstaat.

Angriff Flummi. Er legte die Ohren an und sauste Richtung Katze.

Das Folgende passierte innerhalb von Sekunden:

Lilli sprang aus dem Stand einen Meter hoch, landete vor dem Hund auf den Hinterbeinen und fuhr an den Vorderpfoten die Bewaffnung aus. Mit rotierenden Krallen gleich einer Flex verteilte sie die schnellste Abreibung, die ich je von einer Katze erlebt habe.

„Hat die heimlich Bruce-Lee-Filme geschaut?" schoss mir so durch den Kopf.

Der Hund war völlig perplex. Sowas hatte er noch nie erlebt. Die Beute wehrte sich! Er kniff den Schwanz ein und flüchtete sich quietschend unter den Wohnzimmertisch. Ja, wir wissen, das hätte bös ins Auge gehen können. Aber außer einer Schramme an der Nase und einem arg eingedellten Selbstbewusstsein war der Hund noch mal mit einem Schreck davongekommen.

Jetzt war auch für den Flummi klar, wo das scharfe Ende an der Katze war. Zum Glück war er ein sehr kluger Hund und merkte sich das. Das restliche Wochenende war er sehr friedlich, ließ sogar unsere anderen Katzen in Ruhe (man konnte ja als Hund nicht wissen, ob hier noch mehr so Ninja-Cats wohnten) und fing an, sich ihnen vorsichtig zu nähern. Er wollte doch nur mal schnuppern. Er versuchte es, am Popo von Lilli zu schnüffeln, doch die Dame drehte sich um und wuchs augenblicklich um mindestens ein Drittel in der Größe. Flummi schrumpfte um mindestens ein Drittel in der Körpergröße und war wie ein geölter Blitz unter dem Wohnzimmertisch. Das war seine Zuflucht.

Er gab aber nicht auf und entwickelte eine neue Strategie. In der Ecke des Raumes stand ein Kratzbaum mit sehr kleinen Abstufungen, aber recht großen Liegeflächen. Da schon immer viele ältere oder behinderte Katzen bei uns lebten, brauchten wir solche Seniorenkratzbäume. Das war Lillis Lieblingsplatz. Ganz oben auf der höchsten Fläche thronte sie und hielt Hof, konnte von da aus das ganze Erdgeschoss begutachten.

Nun passierte etwas, von dem ich dachte, ich hätte eine Fata Morgana gesehen. Flummi folgte Lilli zum Kratzbaum und turnte hinter ihr her. Schnell schaffte er es auf die zweite Etage, die Fläche unter der Katze. Die Nase schob er aber trotzdem nicht über den Rand der obersten Plattform. Und dann ließ die Katze den plüschigen Schwanz über den Rand der Liegefläche hängen. Flummi tauchte beglückt die Nase in das flauschige Fell und atmete den herrlichen Katzenduft ein. Währenddessen kletterte unser Dackel Cliff auf die untere Plattform, die konnte er auch mit seinen kurzen Dackelbeinen erreichen. Schnell holte ich den Fotoapparat. Das würde mir im Leben niemand glauben. Hunde auf dem Kratzbaum!

Tatsächlich ließ sich die ganze Gesellschaft für einige Zeit auf dem Kratzbaum nieder, und ich konnte einige Bilder machen.

An diesem Wochenende hatte unsere Lilli dem Flummi einige Dinge beigebracht: Katzen sind ernstzunehmende Gegner. Wenn eine Katze nicht wegrennt, renn selbst. Wenn eine Katze auf dem Kratzbaum liegt, nutze nur die unteren Etagen.

Fortan war Flummi ein Katzenversteher. Allerdings nur bei uns daheim. Seine eigenen Katzen liefen immer noch so schön davon ...

Ein katziger Besuch

Nadine Buch

„Ja, sicher! Er hat den Katzentest bestanden", beteuerte Herta und ließ ihre Tochter zur Tür herein. „Setz dich, der Tee ist bereits fertig."

Corinna stellte die schwere Katzenbox im Wohn-Ess-Bereich ab, zog ihre Jacke aus und hängte sie über den Stuhl am Tisch. „Du weißt, dass meine Beiden ihre Marotten haben. Auf keinen Fall wollen sie morgens zu früh geweckt werden, denn dann sind sie grantig. Und das Futter … ich habe es in der Tasche." Dabei hielt Corinna einen bis zum Rand gefüllten Stoffbeutel in die Höhe. Sie lächelte und betonte: „Nur dieses, und kein anderes. Niemals. Sonst bekommen sie Durchfall."

„Kind, wie oft hast du mir das die letzten Wochen am Telefon erzählt? Und ja, ich weiß: Jedes deiner Babys hat seinen eigenen Futternapf. Heinz, wo bleibst du denn?", rief Herta und lief dabei rot an. „Unglaublich, dein Vater. Kann er nicht einmal pünktlich unten sein?" Kopfschüttelnd goss Herta Tee in jede Tasse und nahm Platz.

„Ich hoffe, Corinna hat eine angenehme Reise", sagte Herta leise zu ihrem Heinz, nachdem sie ihre Tochter verabschiedet hatten. Skeptisch sahen beide zur Katzenbox, aus der protestierendes Miauen erklang. Sie mussten es drauf ankommen lassen. Immerhin: Er hatte den Katzentest im spanischen Tierheim mit Bravour bestanden. Ungewöhnlich für einen Podenco. Immerhin war er ein Jagdhund ohnegleichen, genoss einst die Freiheit der Kaninchenjagd im Süden – wenngleich auch unter nicht so tollen Haltungsbedingungen. Drei Monate wohnte Thaddäus nun bei Heinz und Herta, die beide noch fit und sportlich unterwegs waren, für ihr Alter. Thaddäus ... ein Name, der so gar nicht zu einem Podenco passte.

Herta erhob sich, warf einen Blick zu ihrem Hund, streichelte ihm über den Kopf und ging zur Katzenbox, um sie vorsichtig zu öffnen. Keine Sekunde später traten zwei stattliche Maine Coon-Katzen heraus und begannen sofort, sich umzusehen. Alles neu, und doch irgendwie bekannt. So war es nicht deren erster Besuch im Hause Flock. Doch war es ihre erste Begegnung mit einem Hund.

Thaddäus stellte seine sowieso in die Höhe gerichteten Ohren, die mal irgendwer als Pommestüten bezeichnet hatte, steil auf. Stimmt! Den eckigen, tiefen Papiertüten kamen diese Ohren sehr nahe. Und wie tief sie gingen, erlebten Heinz und Herta bei dem Versuch, diese Löffel mit einer Reinigungsemulsion zu behandeln. Ganz nach Anweisung der Fachfrau. „Schön in den Gehörgang, tief rein, da ...", flötete Frau Fressmeier, die Tierärztin der Stadt. „Dann massieren, weil es so schön juckt, da unten im Ohr", erklärte sie weiter und kniff dabei die Augen zusammen. Wohl gewusst. Denn als sie das Ohr losließ, schüttelte sich Thaddäus, sodass die Pommestüten gegeneinander schlackerten und die Emulsion frisch-fröhlich in der Umgebung verteilten. Auch in den Gesichtern von Heinz und Herta, die nicht rechtzeitig ausgewichen waren.

Nun, Kater Mochi machte den Anfang und schlich elegant um die Tischbeine herum, hin zu denen von Thaddäus. Dieser wusste gar nicht, wie ihm geschah, als der imposante Kater unter seinem Bauch in Richtung Hinterbeine schnurrte. Katzendame Linchen beobachtete das Tun aus sicherer Entfernung.

„Na also, das scheint ja zu klappen", freute sich Herta und grinste breit übers Gesicht.

„Muss, Hertalein, muss. Immerhin ist unsere Tochter jetzt für zwei Wochen im Urlaub." Heinz stand auf, begab sich auf die Couch und griff nach der Bedienung des Fernsehers.

„Es ist stiller als sonst", bemerkte Herta und blickte ernst zu Heinz, der schon fast am Einschlafen war. Die Quizsendung im Fernseher lief noch nicht lange und hatte gerade Werbepause. „Naja ...", grunzte der Gatterich und wandte sich nach links, zu dem Platz, an dem normalerweise Thaddäus zusammengerollt auf der Couch lag. Normalerweise. Denn heute thronte dort nicht der Podenco, sondern Kater Mochi.

Herta atmete tief aus, erhob sich von der Couch und bemerkte: „Ich mache mir mal Badewasser." Mochi sprang auf und verschwand irgendwo im Dunkeln unter dem Esstisch, wo sich Linchen befinden musste. Wie immer, wenn sie zu Urlaubsbesuch bei den Flocks waren, brauchte sie ein bis zwei Tage, um sich an den Wechsel der Umgebung zu gewöhnen.

„Thaddäus motzt", schnaufte Herta, als sie aus dem Bad zurückkam. Nicht ohne ihr belustigtes Grinsen zu zeigen. Sie stand kurz vor einem Lachanfall.

„Wieso das denn?", fragte Heinz, noch grunzender als vorhin, und gähnte herzhaft.

„Ich habe nach ihm gesucht. Er liegt im Schlafzimmer auf dem Bettvorleger. Hellwach. Mit spitzen Ohren und faltiger Stirn. So faltig, wie sie es damals war, als wir Thaddäus die Maus aus dem Fang geklaubt hatten. Zum Wohle des Nagetiers, natürlich. Im Wissen, dass die Population der Mäuse somit weiter ansteigen würde. Jede gerettete Maus gebärt ..."

Es regte sich Leben in Heinz, der ein kehliges Lachen von sich gab. „Stimmt, diese Maus. Als Dr. Fressmeier das Gramm-Tierchen in Narkose versetzte und den halben Schwanz amputieren musste. Diese Schleife des OP-Fadens ... Es war göttlich!"

Zack, war Heinz wieder still, und die Augen fielen erneut auf halb acht. Die Werbepause im TV war zu Ende. „Hach, was freue ich mich auf die Komödie morgen. Slapstick vom Feinsten. Nicht so öde, wie deine Quizsendung", echote Herta und rieb sich die Hände.

„Schau du lieber, dass dein Badewasser nicht überläuft", entgegnete Heinz wider Erwarten. So hoffte Herta insgeheim, dass er bald einschlief und sie das Programm wechseln konnte, um nach dem Bad gemütlich fern zu sehen. Nervös blickte sie auf die Uhr an der Wand. „Ob sich Corinna wohl bald meldet? Sie müsste doch schon lange angekommen sein."

Ein Blick nach links machte es deutlich: Heinz war einge-nickt. Herta griff nach der Fernbedienung und schaltete um. „Nun gut, ich nehme das Telefon mit ins Bad", sagte sie mehr zu sich selbst. Kurz schaute sie noch auf den Bildschirm, wo ein Nachrichtensprecher sagte: „So jagt der Dax den Kurs ..."

Auf einmal tönte ein Kreischen und Rumpeln aus dem Bad, gefolgt von einem Schreien, wie dem eines Tasmanischen Teu-fels! Linchen schoss aus Richtung des Bades zur Couch und verkroch sich unter selbiger.

Herta sprang auf und rannte ins Bad, aus dem der Tumult kam. Dort angekommen, erblickte sie die hündische Friedens-fahne – die weiße Schwanzspitze – in aufgeregter Manier in der Luft wedelnd.

„Thaddäus, was ...!", schrie Herta und schlug sich die Hand vor den Mund.

Das Bild vor ihr war mitleidserregend.

Mochi, der stolze Kater, hing verzweifelt mit den Vorderpfoten über dem Wannenrand und wehrte sich inständig dagegen, gänzlich im dampfenden Schaumbad unterzugehen.
Thaddäus lutschte gedankenverloren und voller Inbrunst den
Schaum aus Mochis Ohren.

„Das Badewasser ist fertig", hauchte Herta, der die Stimme
versagte.

Heinz kam hinzu. „Liebchen, Corinna ist am Handy und
meint, dass sie gut angekommen ist. Sie sagt, … dass Mochi
… Wasser hasst", führte er zu Ende und ließ sich perplex gegen den Türrahmen sinken. Dann nahm er fahrig den Hörer
wieder ans Ohr und stammelte: „Alles … bestens! Thaddäus
h-hat den Katzentest bestanden."

Aller guten Katzen sind drei

Alexandra Ditters

 *Wer es immer noch nicht kapiert hat: Ja, theoretisch kann man auch ohne Katzen leben, aber was für einen Sinn soll das dann haben? Diese Geschichte beschreibt es genau.*

Unsere Geschichte begann am 2. Mai 2018. Ein Datum, das sich unauslöschlich in mein Gedächtnis eingebrannt hat: Bei meiner geliebten Katze Luna wurde Krebs diagnostiziert. Ein bösartig entarteter Polyp in ihrem Ohr war der Auslöser. Die Tierärztin war leider alles andere als mitfühlend und ließ mich mit der niederschmetternden Diagnose allein, was mich emotional völlig aus der Bahn warf. In meiner Verzweiflung suchte ich eine zweite Meinung in der Tierklinik Kleve, doch auch dort bestätigte man uns nach einigen Untersuchungen und einem CT-Scan leider die unheilbare Krankheit.

In den folgenden Wochen lebte ich wie in einem (Alb)Traum und widmete mich ganz Lunas Wohlbefinden. Unsere gemeinsame Zeit wollte ich so schön und angenehm wie möglich gestalten, bis der unvermeidlich letzte Tag kam!

Mit Lunas Verlust wurde das Haus auf einmal still, kalt und leer. Ich vermisste ihr Schnurren, das Klickern der Katzenpfötchen und das Gefühl von weichem Fell so sehr, es war unerträglich. Eine Katze fehlte einfach in unserem Zuhause!

Mein Mann war der Meinung, ohne Katze leben zu können. Doch ich wusste, dass ich eine Katze überhaupt zum ÜBER-LEBEN brauchte! Also, Mann zwar überredet, aber eine sollte reichen. Neeiiiin, sagte ich, eine würde nicht genügen – es sollten zwei sein, da ich mir erstmals Kitten wünschte, die vorzugsweise gemeinsam adoptiert werden sollten. Mein Mann, getrieben vom Motto "Happy wife, happy life", fügte sich schlussendlich meinem Wunsch. Er bat aber darum, dass dieses Mal auch ein Kater dabei sein sollte, da wir bis dato immer „nur" Damen im Haus hatten (muss wohl der Bedarf nach „männlicher" Verstärkung gewesen sein).

Im September 2018 machten wir uns also auf den Weg ins Tierheim Bocholt. Dort wurden wir von einer Tierpflegerin ins Katzenhaus geführt, wo sie uns verschiedene vermittelbare Katzen vorstellte. Im ersten Zimmer trafen wir ausschließlich auf junge Kater, die uns mit ihrer Energie, ihrem quirligen Wesen und ihrer robusten Verspieltheit beeindruckten. Da wurde uns schnell klar, dass wir uns eher etwas ruhigere Fellpopos aussuchen wollten. Aber auch ein Geschwisterpaar im nächsten Raum konnte unser Herz noch nicht im Sturm erobern.

Erst im dritten Raum fanden wir ein Trio, das unsere Aufmerksamkeit erregte: Zwei grau-weiß getigerte Mädchen und ein zurückhaltendes, pechschwarzes Katerchen. Wir verbrachten dort einige Zeit und entschieden uns schließlich, zwei von ihnen zu adoptieren. Die Wahl überließ ich meinem Mann, der ja gerne einen Kater haben wollte und sich noch eines der beiden Mädchen aussuchen sollte. Doch anscheinend ließ ihm das Schicksal des verbleibenden Kätzchens keine Ruhe. Auch die Aussage der Tierpflegerin, dass sie das dritte Kätzchen problemlos mit anderen Gleichaltrigen vergesellschaftet bekämen, änderte nichts daran.

Schließlich fragte er mich: "Was wäre, wenn wir alle drei nehmen? Wäre das so viel Mehrarbeit für dich?"

Mein Kopf ruckte herum, und meine Augen wurden groß! Wer war das, der da neben mir saß? Und wo war mein Mann hin, der eigentlich gar keine Katze mehr haben wollte? Ich war irritiert und antwortete nur: „Für mich machen drei Katzen nicht mehr Arbeit als zwei. Von mir aus kein Problem". Nach einer kurzen Bedenkzeit und gestärkt durch Kaffee und Kuchen war die Entscheidung gefallen: Wir holten Pepper, Chili und Kater Basil zu uns nach Hause.

In den seitdem vergangenen sechs Jahren haben wir es nie bereut, die drei Rabauken adoptiert zu haben. Trotz gelegentlicher Geschwisterstreitigkeiten wurde unser Heim durch sie bereichert. Basil ist leider vor zwei Jahren verunglückt; ein Versuch, danach weitere Katzen in unsere kleine Familie zu integrieren, scheiterte. Unsere beiden „Göttinnen" werden wohl niemandem mehr den Zutritt zu ihrem Olymp gestatten!

Ich versuche die Dinge so zu akzeptieren und habe seit zwei Jahren meine Berufung als ehrenamtliche Kuschelpatin gefunden. Und zwar in genau jenem Tierheim, aus dem wir unser Samtpfoten-Trio adoptiert haben. Die Katzen des Tierheims zeigen sich mehr als dankbar. Es erfüllt mich mit großer Freude, wenn selbst die zurückhaltendsten unter ihnen nach vielen, vielen Spielstunden mir endlich ein vorsichtiges „Köpfchen" entgegenstrecken und sich streicheln lassen. Was könnte man sich im Leben mehr wünschen!

Zwischen Pfoten und Herz: Mein Ehrenamt als Kuschelpatin im Tierheim Bocholt

Alexandra Ditters

Als ehrenamtliche Kuschelpatin im Tierheim Bocholt zu arbeiten, ist eine wunderbare und erfüllende Aufgabe. Seit nunmehr zwei Jahren engagiere ich mich dort zweimal pro Woche. Dabei erlebe ich eine Vielzahl von Emotionen, doch nicht nur Freude und Glück. Trauer bewegt mich, wenn eine Katze erkrankt und manchmal auch den letzten Weg über die Regenbrücke antreten muss. Und da sind auch oft Wut und Ärger über solche Menschen, die Tiere immer noch als Sache ansehen und ihnen übel mitspielen. Im Tierschutz muss man sich schon ein dickes Fell anlegen, um all das (Tier-) Elend ertragen zu können.

Meine Arbeit als Kuschelpatin sehe ich nicht nur als Möglichkeit, meine Liebe zu Tieren auszuleben, sondern auch als Chance, ängstlichen und zurückhaltenden Katzen das Vertrauen in den Menschen zurückzugeben. Wenn ich es schaffe, eine scheue Katze dazu zu bringen, sich anfassen und streicheln zu lassen, ist das ein unglaublich befriedigendes Gefühl. Es erfordert Geduld, Einfühlungsvermögen und eine ruhige Art, doch die Fortschritte, die man bei den Tieren sieht, sind die Mühe absolut wert.

Meine Reise als Kuschelpatin begann vor zwei Jahren, als ich zu meinen eigenen zwei Katzendamen noch zwei Kater aus dem Tierheim Bocholt dazu adoptieren wollte. Leider funktionierte es mit der Vergesellschaftung so ganz und gar nicht (es lag an meinen beiden) und schweren Herzens musste ich die Kater nach einigen Wochen wieder zurück ins Tierheim bringen.

43

Ich wollte sie aber nicht einfach aufgeben und entschied mich dafür, sie so lange zu begleiten, bis sie wieder vermittelt wurden. Nachdem die beiden Kater bald ein neues Zuhause gefunden hatten, blieb ich aber als Kuschelpatin im Tierheim „hängen". Denn ich stellte schnell fest, dass es im Tierheim immer wieder Katzen gab, die besonders ängstlich und menschenscheu waren.

Solche Tiere benötigen besondere Zuwendung und Geduld, um Vertrauen zu fassen, und die Tierpfleger haben bei der großen Anzahl der Tiere und dem damit verbundenen Arbeitsaufwand einfach nicht die Möglichkeit, sich mehr um die besonders scheuen Tiere zu kümmern. Sie gehen einfach im Arbeitsalltag unter. Besonders zu diesen Langzeitinsassen baue ich meistens eine engere Bindung auf. Diese Katzen haben oft eine schwierige Vergangenheit und warten manchmal lange auf ein liebevolles Für-immer-Zuhause.

So erging es mir zum Beispiel mit Vera und Alicia (liebevolle Alli von mir genannt). Als ich Kuschelpatin wurde, saßen die beiden jungen Katzendamen mit sechs weiteren Katzen (fünf Kater und eine Katze) in einem Raum und waren dort sprichwörtlich unsichtbar. Nicht nur dass sie von der Fellzeichnung her „nur" graugetigert waren, nein, sie waren einfach zu ängstlich, zu scheu und nicht handzahm. Vera hatte zudem eine alte Verletzung, vermutlich mal ein Bruch des Pfötchens, der nicht richtig zusammengewachsen war. Sie kam damit zurecht, aber es war eben eine kleine Behinderung.

Die anderen sechs Katzen im Zimmer waren auch nicht unbedingt alle handzahm, aber weitaus präsenter als Vera und Alicia. Und so vergingen Tage und Wochen, aus den Wochen wurden Monate, und die Kater wurden nach und nach vermittelt - selbst der scheueste unter ihnen fand liebevolle Adoptanten.

Zurück blieben die drei Katzenmädchen. Und als sie endlich ihr Reich für sich allein hatten, taute auch Vera (ihre Zimmerfreundin Nena war schon offener) endlich auf und ließ sich irgendwann von mir streicheln. Alicia brauchte viel länger, gab sich als harte Nuss und wollte einfach nicht über ihren Schatten springen. Um sie an die menschliche Hand zu gewöhnen, bediente ich mich schließlich eines Tricks: Jagdspiele mit dem Laserpointer!

Ja, ich weiß, nicht unbedingt die erste Wahl für ein Katzenspielzeug, und ich nutze es auch sehr selten. Bei Alicia half er mir aber sehr, denn Alicia war verrückt nach dem Ding. Nach und nach schaffte ich es, sie mit dem Laserpointer immer näher an mich heranzubringen und sie immer wieder vorsichtig zu berühren. Alicia war so auf den roten Lichtpunkt fixiert, dass sie die kurzen Berührungen kaum wahrnahm. Allmählich wurden meine Streicheleinheiten immer häufiger und länger, und irgendwann kam der große Moment: Sie hielt mir vertrauensvoll ihr Köpfchen hin und ließ sich auch ohne Laserpointer von mir streicheln. Das war so bewegend und herzergreifend! Von da an entwickelte sich Alicia zur absoluten Oberschmuserin, die es dann sogar liebte, gebürstet zu werden. Dafür warf sie sich sogar auf den Boden.

Aufgrund solcher Erlebnisse liebe ich es, Kuschelpatin zu sein. Denn daran beteiligt zu sein, wenn eine Katze wie Alicia sich von einer ehemaligen „Schattenkatze" dann doch noch zu einer richtigen Schmusekatze entwickelt, ist einfach zu schön!

Doch wie ging es weiter?

Nena hat dann zeitnah ebenfalls ein neues Zuhause gefunden, und zu Vera und Alicia kam ein neues Katzenduo ins Zimmer. Leider verstanden sich die vier nicht wirklich gut, und beide Mädels wurden gemobbt. Aber es sollte für beide nicht mehr lange dauern. Es gab zwei nette Damen, die sich für Vera und Alicia interessierten und sie adoptierten. Und da war er wieder, dieser Moment von geballter Emotion! Diese maßlose Freude, dass es endlich auch für Vera und Alicia ein Happy End gab, und diese Wehmut, dass ich beide wohl nie wieder sehen würde.

Abschließend kann ich nur sagen, dass die Arbeit als ehrenamtliche Kuschelpatin im Tierheim Bocholt für mich mehr ist als nur ein Hobby – es ist eine Herzensangelegenheit. Die Dankbarkeit der Tiere, die kleinen Fortschritte, die wir gemeinsam erreichen, dazu die Gewissheit, dass ich einen Beitrag zur Vermittlung und zum Wohlbefinden dieser Katzen leiste, machen diese Aufgabe zu etwas Besonderem. Ich bin stolz darauf, Teil dieses Teams zu sein und freue mich auf viele weitere Jahre als Kuschelpatin.

Pfotenwechsel: Wie ich meine Liebe zu Katzen entdeckte

Alexandra Ditters

Als ich noch mit meinen Eltern und meiner Schwester zusammenlebte, war eine Katze als Haustier bei uns undenkbar! Unsere Eltern, besonders unser Vater, hätten niemals eine Katze ins Haus gelassen. Katzen waren einfach nicht ihr Ding, wahrscheinlich wegen deren Unabhängigkeit und der „schwierigen" Erziehung.

Dafür hatten wir immer viele andere Haustiere, vor allem dank unserer Mutter und uns Kindern. Wir hielten Meerschweinchen, Kaninchen, Wellensittiche, Graupapageien, später auch Hühner und Volierenvögel – und natürlich Hunde!

Solange ich mich erinnern kann, hatten wir immer einen Hund. Unser erster war Camillo, ein Mix aus Cockerspaniel und Langhaardackel. Danach kam Anatol, ein Husky, und später Funny, eine Schäferhündin. Der letzte Hund in der Familie war Dana, eine Langhaarschäferhündin. Unsere Tiere kamen immer aus dem Tierschutz, meist arme Seelen, die ihr Zuhause verloren hatten oder, wie Anatol, schlecht behandelt worden waren.

Mitte der 90er zog ich aus beruflichen Gründen in den Westerwald. Zum ersten Mal wohnte ich alleine in meiner eigenen Wohnung, ohne Familie und ohne Haustier. Das war sehr seltsam, so ganz ohne tierischen Mitbewohner. Aufgrund meines Berufs als Hotelfachfrau konnte ich jedoch keinen eigenen Hund halten. Aber das war der Beginn meiner „Gassigeh-Hunde". Von da an suchte ich mir immer Hunde zum

Ausführen, ob im Tierheim, bei Nachbarn oder sogar die Wachhunde vom Straßenbauamt – ich führte sie alle aus.

Anfang der 2000er zog ich weiter nach Heilbronn. Doch auch dort blieb der Traum vom eigenen Hund unerfüllt. Aber ohne (größeres) eigenes Haustier war es einfach nicht dasselbe, denn ich war es gewohnt, mit tierischen Mitbewohnern zu leben. Also beschloss ich, endlich wieder ein eigenes Haustier zu haben, doch ein Hund kam nicht in Frage. Also was nun? Nachdem ich jahrelang Wüstenrennmäuse gehalten hatte, wollte ich keine Vögel oder Kleintiere mehr. Und so entschied ich mich letztendlich für die Adoption einer Katze. ICH, der Hundemensch, wollte eine Katze adoptieren! Meine Eltern hielten mich wohl für komplett verrückt.

Damals war ich natürlich völlig unerfahren in Sachen Katzenhaltung. Aber wie schwer konnte es schon sein? Katzen haben vier Pfoten, Fell und Zähne, also nicht ganz unähnlich einem Hund. Frohen Mutes besorgte ich also alles, was eine Katze so zu einem glücklichen Katzenleben braucht. Puh, das war eine Menge Zeug, dachte ich damals. Heute weiß ich natürlich, es gibt noch viel mehr schöne Dinge für Katzen zu kaufen, die vor allem deren menschliches Personal glücklich machen. Bei den Katzen weiß man es ja eh nicht immer so genau!

Jetzt fehlte nur noch die Katze, und Tage später adoptierte ich „Frau Müller" (später Roxy) aus dem Tierheim Heilbronn. Roxy machte es mir als Katzenneuling allerdings nicht leicht, denn sie erbrach sich ständig, und die Ursache war schwer zu finden. Ein Tierarzt wollte sie schon einschläfern lassen, aber das kam für mich nicht in Frage. Ihr ging es ja nicht schlecht, nur der Grund fürs Erbrechen konnte nicht gefunden werden. Schließlich suchte ich Hilfe bei einem Landtierarzt, der meinte, Roxy sei wahrscheinlich durch ihre Vergangenheit psychisch angeschlagen. Er verabreichte ihr Psychopharmaka, und von da an ging es ihr von Tag zu Tag besser. Es wurde später sogar so gut, dass ich das Medikament komplett absetzen konnte. Das hat mich sehr gefreut.

Da ich aber weiterhin in Wechselschichten arbeitete und Roxy oft allein war, adoptierte ich später noch Henriette. Die beiden Damen wurden zwar nie dicke Freundinnen, akzeptierten sich aber. Jahre später zog ich mit beiden Katzen von Heilbronn zurück in meine jetzige Heimat. Durch Roxy und Henriette hat auch mich das „Katzenfieber" erwischt. Nach ihnen folgten Minou und Luna, und aktuell lebe ich unter der „Regierung" von Chili und Pepper. Ihr Bruder Basil ist leider vor zwei Jahren verunglückt.

Wie sehe ich heute das Thema „Hund oder Katze als Haustier"? Obwohl ich schon lange nicht mehr im Schichtdienst arbeite, bleibt die Zeit für einen Hund knapp. Ich bin aber den Samtpfoten vollkommen verfallen, sozusagen „schnurrifiziert", und das wird sich wohl nie ändern. Derzeit lebe ich mit zwei eigenen Stubentigern, bin ehrenamtliche Kuschelpatin im Tierheim Bocholt und habe einen Gassigehhund in der Nachbarschaft. So habe ich aktuell die für mich besten Voraussetzungen gefunden, um all meine „tierischen" Wünsche zu erfüllen.

Vielleicht ergibt sich irgendwann die Möglichkeit, einen katzenverträglichen Hund mit einem hundeverträglichen Katzenrudel zu halten. Denn wer kann schon sagen, was die Zukunft für mich noch so alles bereithalten wird?

Teilzeitkatzen

(Teil Drei: Jo, Pauline und Loki)

Manuela „Nourani Gamal" Ehlert

Thun-Visch - Jo approved ...

Es war mal wieder, wie so oft, Workshopwochenende, aber dieses Mal blieb ich allein mit der Katzenbande, da Sandra ihren wohlverdienten Urlaub auf dem Campingplatz verbrachte. Da ich also ein Dinée á sept (Dinner zu siebt) mit den Katzen haben würde, kaufte ich nach dem Vormittagskurs für mich einen leckeren Salat und veganen Thunfischersatz ein, um mir beides nach dem Abendkurs schnell zuzubereiten.

Es wurde Abend, und meine Teilzeitkatzen freuten sich sehr über meine Rückkehr, inklusive der Arie vom verhungerten Katzentier war alles dabei. Ich versorgte die Bande mit einer Ladung Felix-Tüten (absolutes Katzen-Junkfood, aber ab und zu ist das mal okay, gerade wenn es ums Bestechen geht) und machte mir meinen Salat fertig, bis – ja, bis ich den veganen Thun-Visch aufmachte.

Ich weiß nicht, ob es der Geruch war, oder das Klack! des Deckels, jedenfalls saß Jo urplötzlich wie aus der Erde gewachsen vor mir auf dem Wohnzimmertisch und schaute mich mit großen, charmanten Augen an.

„Na du süße Maus, war das Snäcki lecker?" fragte ich. Jo antwortete mit ihrem liebenswerten Augenaufschlag und einem lauten „MA-Au!". Ich verstand genau, was sie wollte. „MA-Au!" ist ihr Wort für „Mach die Dose/Tüte auf", wenn sie Hunger hat.

„War es nicht genug?"

„MA-Au!"

Hmmm, was genau meint sie? Ach egal, dachte ich mir und ging in die Küche, noch eine Tüte holen. Auf dem Rückweg dachte ich, ich traue meinen Augen nicht! Jo hatte ihre Pfote in das Glas mit dem veganen Thun-Visch gesteckt und versuchte an den für sie offensichtlich leckeren Inhalt zu kommen. Sie schaute mich erwartungsvoll an.

„MA-Au!".

Jetzt war ganz klar, sie wollte was abhaben – aber Katzen und vegane Lebensmittel? Ob das gesund war? Sandra meinte ja, sie solle bekommen was sie möchte, da sie schon älter war und was auf den Rippen vertragen könne.

„Nein Jo, das ist kein Fisch, das ist nur Pflanze, das magst du bestimmt nicht", sagte ich und nahm ihr das Glas weg, um den Thun-Visch auf meinem Salat zu verteilen. Doch als die ersten Bröckchen das Glas verließen, hatten sie kaum meinen Salat berührt, als Jo schon zur Tat schritt und sich nach Herzenslust bediente. Der Geschmack war also für sie absolut lecker und genial. Sie hat dann im Laufe des Essens ihren gebührlichen Teil bekommen, den sie auch komplett verspeiste – und der Hersteller erhielt von mir eine amüsierte E-Mail, in der ich ihm bescheinigte, sein Thunfisch-Ersatz sei hiermit „Jo-approved". Denn wenn es einer Katze schmeckt, muss das Imitat wirklich gelungen sein.

Kleine Geschenke erhalten die Freundschaft

Ich musste mich an diesem Samstag bei Sandra für einen Auftritt im Raum Duisburg fertigmachen. Jo saß auf ihrem Stammplatz auf ihrem Kratzbaum und schaute mich sehr intensiv an. Meist ist das der Moment, wo sie mit mir kommunizieren will*. Als ich mich zu ihr wandte und sie fragte, was los sei, hielt sie mir ihre beiden Arme hoch in Richtung Gesicht und kletterte auf meinen Arm. Das ist etwas, was sie eher selten macht, wahrscheinlich weil sie als ältere Katzendame schon ein wenig Rückenprobleme hat. Ich versprach ihr, nach dem Auftritt schnell wiederzukommen, damit wir noch etwas kuscheln konnten, bevor es am Sonntag mit Workshops weiterging. Jo maunzte und wollte runter. Sie verschwand auf der Treppe beim Futterplatz und dann in den Flur. Ich maß dem ganzen keine Bedeutung bei, da sie ja schon mal gern auf den Fliesen liegt, weil es dort etwas kühler ist.

Ich holte mir also meine Schuhe aus dem Flur, um sie anzuziehen – hinsetzen war wegen meines Rheumas an dem Tag zum Anziehen besser – und verließ dann das Haus. Im Auto merkte ich, dass die ganze Sohle des linken Schuhs sehr knubbelig war. Verdammt, den konnte ich jetzt nicht mehr ausziehen, war ja schließlich mitten auf dem Weg zum Auftritt. Also erst mal mit dem Knubbel in der Sohle leben. Außerdem hatte ich noch im rechten Schuh ein paar Steine – echt nervig. Aber ich war damit vorgestern auf Schotter gelaufen, musste da aber jetzt halt durch.

In der Garderobe angekommen, zog ich die Schuhe aus – und staunte nicht schlecht: Im linken Schuh waren keine Knubbel, sondern Katzenfutterbröckchen! Jo hatte mir wohl eine Wegzehrung in den Schuh gesteckt, wie lieb von ihr. Sie konnte ja nicht wissen, dass ich Veganer bin und kein Fan von Katzenfutter, auch wenn es noch so lecker zu sein scheint.

Als ich im rechten Schuh nachsah, nahmen die Fragezeichen kein Ende: Im rechten Schuh war Katzenstreu! Ich war weder in der Nähe von Katzenstreu gewesen, noch hatte ich die Schuhe im Pflegezimmer angehabt, wo ja durch die kleinen Pflegekatzen schon mal die Streu kreuz und quer im Weg lag. Jo musste also, wie auch immer sie das geschafft hatte, einen Vorrat an Katzenstreu in den anderen Schuh gesteckt haben. Sie hatte mir also nicht nur Wegzehrung (falls es länger dauert), sondern auch noch was für die Toilette eingepackt, falls ich mal unerwartet aufs Klo muss.

Fürsorglicher kann eine Katze nicht sein …

*Siehe MIEZOLOGIE „Interview mit einem Kater"
zum Thema Tierkommunikation

Pauline

Es kann der Frömmste nicht in Frieden dösen

Es war dasselbe Wochenende, an dem Jo den Thun-Visch zertifiziert hatte, nur später am Abend. Wer bereits die Teilzeitkatzen aus der MIEZOLOGIE kennt, weiß, dass Pauline nicht nur ein wenig verfressen, sondern auch ein bisschen hinterlistig ist. Etwa so, wie die kleine nervige Schwester, die gern mal den großen Bruder zankt.

Ich lag gerade genüsslich auf der Couch, als Raggi nach Hause kam. Ich ließ ihn rein und begrüßte ihn mit unserem eigenen, persönlichen Bro-Sis-Gruß: Köpfe aneinander und kurz dem anderen ins Gesicht schnaufen, und er bekam, wie alle Heimkehrer, seinen Snack.

Mit vollem Bauch kam er anschließend ins Wohnzimmer zurückgezockelt und nahm im frisch von mir ausgeräumten Felix-Tüten-Karton (von der großen Firma mit A) Platz, um sich einzurollen und sein Verdauungsnickerchen zu machen. Pauline, die bei mir auf dem Bauch lag, sah sich das Ganze fasziniert an, streckte sich, sprang runter und schlich sich an den Karton an, in dem Raggi friedlich döste.

Pauline schaute erst mich an, dann zu Raggi, dann wieder zu mir.

„Du, das ist keine gute Idee", sagte ich zu ihr. Doch solche Sätze sind für Pauline nur der Anstoß, etwas gerade deswegen erst recht zu tun. Sie schlich noch näher an den Karton, schaute wieder mich an, dann Raggi.

„Pauline, lass es! Du kriegst Haue!" warnte ich.

Pauline schaute in den Karton, schien regelrecht Maß zu nehmen – und schoss drei blitzschnelle Ohrfeigen auf den armen Raggi ab. Der wusste erst gar nicht, wie ihm geschah. Einen Sekundenbruchteil später war ihm klar, was los war, sprang aus dem Karton und verpasste Pauline ebenfalls drei schnelle Ohrfeigen, woraufhin sie sofort Hackengas in die Küche gab.

Raggi schlenderte zum Karton zurück, rollte sich wieder ein und ging in den Dösemodus, als wenn nie etwas passiert wäre. Pauline kam aus der Küche zu mir und jammerte mir etwas vor von wegen arme Katze, die ja immer gehauen wird. Ich habe sie zwar getröstet und ihr ins Gewissen geredet, dass man den großen Bruder nicht einfach so haut, da sei es kein Wunder, wenn man eine ausgeteilt bekam.

Aber ich glaube, sie hat mir nicht wirklich zugehört – das Trostkraulen war wohl zu angenehm …

Loki

„Eifersucht ist die Sucht, die mit Eifer sucht, was Leiden schafft …"

Loki, den ihr ja schon als meinen besten Freund aus Teilzeitkatzen Teil Eins kennt, hat mittlerweile eine sehr enge Bindung zu mir aufgebaut. Nicht nur, dass er genau meinen Zeitplan kennt und pünktlich 10-15 Minuten nach meinem Eintreffen bei Sandra auf der Matte steht, um mich mit seinem typischen Schnurrschnäufeln zu begrüßen. Nein, er ist auch abends auf der Couch gern meine selbstpersönliche Wärmflasche. Dabei wird er auf mir liegend lang und länger, „Kater vom Meter" sozusagen, wie Sandra es nennt.

Eines Abends lag mein bester Freund wieder auf meinen Beinen und machte sich gerade schön lang, als Max von draußen kam und sich vor dem Sofa hinhockte, um mit großen Knopfaugen anzufragen, ob er mitkuscheln dürfte. Da ich die Katzenbande eigentlich als harmonisch kannte, gab ich Max das Signal, dass er gern dazukommen durfte. Doch ich hatte die Rechnung nicht mit Loki gemacht.

Max setzt zum Sprung an und landet auf Kniehöhe bei mir.

Loki schaut hoch, sieht sich den Eindringling genau an und bleibt erst mal liegen.

Max legt sich daneben.

Loki macht sich etwas breiter.

Max legt sich seitlich an mich dran, damit er auch aufs Sofa passt.

Loki macht sich noch etwas breiter, streckt alle Pfoten der Länge nach aus.

Max rollt sich ein, um Platz zu finden.

Loki breitet sich zur vollen Länge und Breite aus. (Man glaubt es kaum, dass eine Katze einen ganzen Quadratmeter einnehmen kann).

So ging das eine ganze Weile: Loki breitete sich aus und Max versuchte mit dem Rest an Platz klarzukommen. Das hätte eventuell auch funktioniert, wenn Max nicht den Fehler gemacht hätte, mich auch noch zum Kraulen aufzufordern.

Dieses Privileg stand, wenn er auf mir lag, nur Loki zu (seiner Meinung nach).

Max stubst mich also mit dem Kopf an – und Loki explodiert förmlich. Eine Lokiplosion äußert sich darin, dass Loki alle verfügbaren Haare aufstellt, um im selben Moment sofort die schnellsten Ohrfeigen der Katzenwelt auszuteilen.

Dem armen Max blieb nichts anderes übrig, als das Feld zu räumen.

Seit dieser Zeit kommt Max nur zu mir, wenn Loki nicht da ist, und er schaut auch erst einmal gründlich hinter dem Sofa und auf dem Sofa nach, ob wir wirklich allein sind.

Jo – falsche Zeit, falsches Haus

Auch Katzen können mit zunehmenden Alter dement werden. Leider zeigt sich das auch bei meiner „Löwin von Dinslaken", Sandras Katze Jo. Bisher ist diese Demenz nie groß ein Problem gewesen. Die Katze hatte Appetit, bekam zur Unterstützung für die Schilddrüse Thyroxin und war sehr häuslich geworden. Besonders gern lag sie im „Dienstboteneingang" des Brock'schen Haushalts und kontrollierte, wer ein- und ausging.

Also nichts wirklich Wildes – bis vor ein paar Wochen.

Es war mal wieder Workshop-Wochenende und Sandra und ihr bester Ehemann der Welt machten Urlaub auf dem Campingplatz. Also hatte ich das Vergnügen und die Ehre, meine fünf befellten Gastgeber zu bespaßen. Ich kam also müde vom Workshop zu Sandra nach Hause und erwartete schon die Maunztirade, die Jo immer vom Stapel ließ, wenn ich das Haus betrat.

Diese Katze sitzt im sprichwörtlichen Sinn schon mit umgebundener Serviette auf dem Kratzbaum und erwartet ihr königliches Mittagessen, wenn ich schon mal da bin. Ich schließe also die Tür auf, betrete das Esszimmer – keine Jo. Ich rufe nach ihr „Jojo, wo bist du?" Keine Antwort. Kein Schwanz, keine Kralle zu sehen. Ich suche das Haus ab, schaue in jede Ecke – keine Jo. Ich mache sogar die Tür vom Gästezimmer auf – nichts. Okay, denke ich so bei mir, dann mache ich erst mal im Keller die Toiletten der erlauchten Gesellschaft sauber, und gehe die Treppe hinunter.

Wenn man diese Treppe runtergeht, fällt der Blick automatisch in den Raum mit dem „Dienstboteneingang" ...und wer liegt dort und sagt keinen Ton??? Unsere Jo. Als sie mich sieht, kommt sie freudig auf mich zu, und ich werde beschnurrt und beschmust.

Soweit hätte das Wochenende ohne Probleme laufen können – wenn nicht der nächste Abend gewesen wäre.

Wieder kam ich müde vom Workshop nach Hause – und wieder keine Jo. Ich lief wieder durchs Haus, rief nach ihr, raschelte mit Leckerlis ... keine Löwin in Sicht. Ich machte der Bande das Abendessen, kümmerte mich um die Klos und bereitete mir ein Essen zu.

So langsam wird es dunkel draußen. Ich rufe noch einmal in den Garten: „Jo, Jo wo bist du?" Stille. Ich rufe an der Haustür die Straße hinauf – keine Antwort. So langsam mache ich mir Sorgen, schließlich braucht die alte Dame ihre Schilddrüsenmedikamente – ohne sie würde ihr Metabolismus ziemlich schnell entgleisen, und es könnte dann Schlimmeres passieren – nicht auszudenken ...

Gerade will ich die Tür schließen, als ich ein indigniertes Miauen höre – woher kommt das bloß??? Ich lausche ins Dunkel. Es kommt von nebenan, von den Nachbarn! Jo wird doch nicht aus Versehen in deren Garage gelaufen sein? Das Haus der Nachbarn ist dunkel, sie sind in Urlaub! Mann, hoffentlich kriege ich die Garage zur Not irgendwie auf …

Ich greife mir den Schlüssel und gehe in die Richtung des Miauens.

Aus dem Türsturz des Nachbarhauses schaut mich eine zu Tode beleidigte Jo an, mit einem vorwurfsvollen „Istjanett-dassdumirauchnochmaldieTüraufmachst"-Blick.

„Ach Jojo, hier bist du – ich hab dich so gesucht", sage ich, während ich mich runterbeuge und die alte Dame hoch-nehme. Sofort wird auf dem Arm der Schnurrmodus aktiviert.

„Süße, wir wohnen doch hier", sage ich, als ich hinter uns die Haustür schließe und mich mit ihr im Flur langsam drehe. „Das war das falsche Haus, wo du gewartet hast. Dort konnte ich dir gar nicht die Tür aufmachen."

Jo schaut mich mit einem „Waswirwohnenhier???"-Blick an. Noch auf dem Arm gebe ich ihr das Medikament – und dazu eine Extraportion (nicht-veganen) Thunfisch auf den Schreck …

Hosenträger für Katzen?

Manuela „Nourani Gamal" Ehlert

In der Katzenhilfe Bocholt ging eine Meldung ein, dass ein Katzenkind in einer leeren Wohnung saß und bereits in sehr schlechter Verfassung war. Der arme kleine Katzenjunge war von seinen Menschen einfach zurückgelassen worden und hatte in seiner Not sogar angefangen, sein eigenes Fell anzuknabbern.

Er war ein wunderschöner Katzenjunge, rabenschwarz und sehr entdeckerfreudig, nachdem die Katzenhilfe ihn liebevoll wieder aufgepäppelt hatte. Ich lernte ihn auf Sandras Pflegestelle kennen, denn ich sollte in meiner Eigenschaft als Tierkommunikator versuchen, ob man noch etwas mehr über den kleinen Mann herausfinden konnte.

Zu dieser Zeit hatte er noch keinen Namen, sollte aber schnell einen bekommen. Als ich mit Sandra ins Pflegi-Zimmer ging, hörte ich sofort eine Stimme in meinem Kopf: „Ich bin der Leif". Ich schaute mich um und dachte, ich hätte etwas von draußen von den Nachbarn gehört – aber Fehlanzeige.

Die Stimme wiederholte: „Hallo? Ich bin der Leif". Und da saß er vor mir, der kleine schwarze Kater. Ich setzte mich auf den Boden und stellte mich ihm vor.

„Ich bin Manu", sendete ich ihm. „Ich soll dich fragen, was in deinem alten Zuhause passiert ist". Leif kam tatsächlich sogar etwas näher. „Ich werde es dir zeigen", war seine Antwort. Er schickte mir dann Bilder, Emotionen und Gedanken, die er hatte, als seine Menschen ihn einfach zurückgelassen hatten. Wie er verzweifelt versucht hatte, sich bemerkbar zu

machen, da er und sein Geschwisterkätzchen Hunger bekamen. Wie er hatte mitansehen müssen, wie sein Geschwisterchen an Hunger und Entkräftung starb – und ihm dann nichts
anderes übrigblieb, als sein Geschwisterchen aufzufressen,
um zu überleben. Und wie er dann gefunden wurde, wie froh
er war, dass man ihn mitnahm und er vernünftiges Futter bekam und jetzt bei Onkel Moritz, dem schwarzen Patenkater
von Sandra, groß werden durfte und vielleicht nochmal Menschen finden würde, die ihn liebhaben würden.

Ich gab diese Informationen an Sandra und die Katzenhilfe
weiter. Den kleinen Leif sah ich weiterhin, wenn ich einmal
die Woche für meine Kurse nach Dinslaken kam. Dann verbrachten wir zusammen die Mittagspause.

So vergingen einige Wochen. Leif begann, mit uns vertrau-
ter zu werden, und bald gab es eine Interessentin. Cirstin aus
Belgien, eine gute Bekannte von Sandra, wollte Leif adoptieren. Sie hatte schon zwei zauberhafte schwarze Kater, und der
Kleine sollte das Trio komplettieren.

Also zog Leif zu Cirstin. Dort hatte er zunächst einige
Startschwierigkeiten, kämpfte mit kahlen Stellen an den Hinterbeinen und schwächelte etwas. Doch Cirstins Kater Frodo
und Sam hatten den Kleinen direkt adoptiert, also konnten
das keine Verletzungen von einem Streit sein.

Cirstin hatte von Sandra den Tipp bekommen, mich zu
kontaktieren. Ich sollte Leif mal fragen, ob er eine Idee habe,
warum er diese kahlen Stellen hatte. Gern kam ich der Bitte
nach. Ich erzählte Cirstin von Leifs damaliger Not, dass er sogar überlegt hatte, sich selbst eine Pfote abzubeißen, um nicht
zu verhungern. Vielleicht war es nun eine Reaktion auf Stress,
ich würde ihn aber zur Sicherheit nochmal fragen, ob es einen
anderen Grund gäbe. Ich versprach Cirstin, dass ich abends,
wenn ich etwas mehr Ruhe hätte, mit Leif sprechen würde.

Bevor ich den Kontakt mit Leif richtig etablieren konnte, stellte sich mir von jetzt auf gleich eine andere, ältere Stimme als Sam vor. Ich fragte, wer er sei, und er sagte, er sei einer der Kater von Cirstin. Er wäre aus Belgien – erst da hab ich geschaltet, dass sich einer der beiden mit mir in Verbindung gesetzt hatte, um mich zu fragen, was mit Leif früher passiert sei. Als ich ihm erzählte, was der Kleine durchgemacht hatte, schwor Sam mir auf seine Katerehre, dass er den Kleinen immer beschützen würde und dass sein Bruder Frodo genauso darüber denke.

Sam - und auch Frodo, der sich mit regen Zwischenrufen an der Verbindung beteiligte, sodass ich das Gefühl hatte, in einer lebhaften Telefonkonferenz zu sitzen - kamen sehr väterlich und beschützend rüber. Frodo sagte mir: „Wenn einer dem Kleinen was tun würde, vergesse ich mich! Sowas geht gar nicht. Wir haben ihn furchtbar lieb, er sieht aus wie ein kleiner Bruder, den wir früher mal hatten. Leider ist er aber gestorben." Die beiden machten mir auch klar, dass sie mich jederzeit wieder „anrufen" würden, wenn sie Fragen hätten. Ihr Frauchen hätte ihnen das gesagt, dass sie das jederzeit tun könnten. Außerdem wäre es jetzt langsam Zeit, mit den Hosenträgern für den Urlaub zu trainieren. Aber Leif sollte doch besser grüne bekommen, da einer von beiden schon gelb und der andere rot habe. Blau wäre nicht so schön auf dem schwarzen Fell.

Hosenträger? Da würde ich ein paar Fragen an Cirstin haben, dachte ich bei mir.

Als ich Cirstin dies am nächsten Tag mitteilte, war sie baff. Ja, sie wohne in Belgien und sie habe den beiden auch gesagt, dass sie mich kontaktieren dürfen, wenn sie Fragen haben, denn ich könne Tiere verstehen. Als ich auf die Hosenträger zu sprechen kam, musste Cirstin laut lachen. Sam und Frodo haben ein Geschirr, damit sie mit zum Camping kommen können, wenn es in den Urlaub geht. Und Leif sollte auch eins bekommen.

Cirstin bestätigte mir, dass Frodo rote „Hosenträger" habe und Sam gelbe und dass sie überlegt hätten, für Leif blaue anzuschaffen. Sie lachte und sagte, dass sie aber Frodos und Sams Anforderungen erfüllen und Leif grüne Hosenträger besorgen würden.

Und warum sagten die beiden jetzt Hosenträger dazu? Cirstin sagte, wenn ihr Mann seine Ausgehuniform anzieht, wären da auch Hosenträger dabei, da diese Hose nur damit ginge. Und dass die Geschirre von Frodo und Sam auf den ersten Blick genauso aussehen wie die Hosenträger.

Was die kahlen Stellen angeht: Es war wirklich nur der Stress. Sobald Leif sich mit der neuen Wohnsituation ganz vertraut fühlte, ließ er sein Fell in Ruhe, und es konnte nachwachsen. Er ist mittlerweile ein wunderschöner, großer, klavierlackschwarzer Kater geworden, und ich bin mir sicher, er trägt seine Hosenträger im Urlaub mit Stolz und viel Freude – weil er zu Menschen gekommen ist, die ihn wirklich liebhaben.

Sam und Frodo haben mich in der Zwischenzeit wirklich schon ein paarmal kontaktiert – meist noch vor ihrem Frauchen. Einmal hatte Leif Durchfall, und Cirstin konnte sich nicht erklären, warum er den so plötzlich hatte. Am Futter war nichts geändert worden, sodass eine Allergie ausgeschlossen war. Leif wurde also eingepackt, beim Tierarzt auf den Kopf gestellt und mit einem pflanzlichen Mittel nach Hause entlassen.

Kaum schrieb ich mit Cirstin, die mich bitten wollte, mit Leif oder den anderen beiden mal zu sprechen, klingelte meine „Frodo-Hotline": Frodo meinte zu mir, er wäre zwar ungern eine Petze, aber sie hatten Fisch spendiert bekommen, unter anderem auch die Suppe mit Thunfisch von Miamor. Der Kleine wollte auch was, und so haben die beiden ihm den Vortritt gelassen. Dass die Suppe für ihn zu fettig sein könnte, haben die beiden nicht bedacht, und Leif hatte den Nährwert einfach unterschätzt.

Die drei Kater sind einfach ein Traumgespann, und ich bin froh, dass Leif ein so wunderschönes Zuhause gefunden hat. Und ab und zu klingelt meine „Frodo-Hotline" immer noch – und sei es nur, um mir zu erzählen, was er mal wieder angestellt hat.

Chuchu

Gitanjali Escobar Travierso

Niemand weiß, woher er kam. Eines späten Abends, sein schwarzer Körper wie ein Schatten, verloren in der Dunkelheit, stand er irgendwann einfach im Hof, vor unserer Türe. Er war offenbar noch sehr jung und so dünn, dass es schon erbärmlich war. Aber seine großen gelben Augen leuchteten voller Stolz und Selbstbewusstsein, gerade so, als wüsste er, dass er bleiben würde.

Mama hatte uns nie erlaubt, Tiere nach Hause zu bringen. Aber ihn hatten wir ja nicht gebracht, er hatte uns ausgewählt. Das war vielleicht etwas anderes. So hofften wir jedenfalls.

Dayram, mein kleiner Bruder, brachte ein Schälchen Milch.

„Er soll Chuchu heißen!" bestimmte er mit all der Vehemenz seiner sechs Jahre. Mir war es gleich. Wir richteten dem Kätzchen eine gemütliche Kiste aus alten Tüchern und spielten mit ihm, bis Mama uns zum Schlafengehen ins Haus rief.

Mama war nach wie vor dagegen, aber diesmal erbarmte sich Papa und entscheid, dass Chuchu bleiben durfte, sofern wir uns um ihn kümmerten und er keinen Schaden anrichtete.

Chuchu nahm das Haus und den Hof in Besitz, als hätte er immer schon hier gewohnt. Dayram übernahm mit großen Ernst die Verantwortung für den kleinen Kater. Er füllte den Futternapf und leerte die Katzentoilette; er investierte sein Taschengeld in Katzenleckerlies und räumte auf, was auch immer Chuchu in seinem Überschwang umgeworfen oder zerfleddert hatte.

Zu seinem siebten Geburtstag schenkte ich Dayram ein Buch über Katzen. Er mühte sich oft sehr mit dem manchmal schwierigen Text, aber er liebte das Buch und ich glaube, er besitzt es heute noch. Jedenfalls gewann er in seiner Klasse jeden Lesewettbewerb!

So vergingen die Tage. Chuchu wurde größer und kräftiger, und bald hatte sich jeder im Haus an das neue Familienmitglied gewöhnt. An sein leises Schnurren und an seinen lautlosen Gang; daran, dass er immer wieder unvermutet zwischen den Beinen der Hausbewohner auftauchte. Dass er laut miauend am Esstisch sein Recht auf die besten Bissen einforderte und auch daran, dass er mitunter, als Geschenk für uns, auch wenn wir es nie wirklich zu schätzen gelernt hatten, ein kleines Vögelchen oder ein totes Mäuschen auf der Türschwelle deponierte.

Bis Chuchu eines Abends nicht mehr auftauchte. Dayram und ich suchten ihn überall, wir fragten auch die Nachbarn, aber niemand hatte ihn gesehen. Ich habe meinen kleinen Bruder nie zuvor und auch danach nie wieder so traurig erlebt. Nichts konnte ihn trösten; nicht einmal meine Sammlung von Spielzeug-Autos wollte er haben. Er wollte nicht essen, nicht lesen, nicht zur Schule gehen, nicht mit seinen Freuden spielen, und er wollte schon gar keine neue Katze haben; er war einfach untröstlich.

Eines Sonntags dann schleppte ich ihn, weil Mama im Haus Großputz machte, mit hinaus in den Hof; wir lehnten uns an den alten Geräteschuppen und brüteten stumm vor uns hin.

Dayram hörte es zuerst: Da war doch ein Geräusch! Im Schuppen! Das klang doch beinahe so, wie … ja! Wie ein ganz, ganz leises Miauen!

Sehr, sehr vorsichtig öffneten wir die Schuppentüre, warteten ein Weilchen, bis unsere Augen sich an die Dunkelheit hier drinnen gewöhnt hatten. Und dann entdeckten wir sie, ganz hinten in der Ecke, zwischen ein paar alten Lappen, in einem halb kaputten Einkaufskorb: Da lag unser Chuchu, der offenbar ganz gewiss kein Kater war, und säugte vier winzig kleine Kätzchen. Drei davon schwarzweiß gefleckt und das vierte genauso rabenschwarz wie Chuchu selbst.

Katzengeschichten Teil Eins

Michele Evangelista

 *Kleine Kätzchen brauchen jede Hilfe, die sie kriegen können. Ich war auch mal so eins, das viel zu klein und viel zu hilflos war. Und weil meine Menschen-Mama alles gegeben hat, ist aus mir so ein stolzer Kater geworden.*

Alles begann mit dir. Gwin.

Alles fing damit an, dass ich eigentlich nur ehrenamtlich nebenbei Tieren helfen wollte. Ich schloss mich einem örtlichen Verein an, der Tieren dabei half, von einem zum anderen Ort zu kommen. Dabei handelte es sich um alle Arten von Tieren, egal ob Haus- oder Wildtiere.

Eines Tages bekam ich in meiner Schicht einen Anruf, es ging um eine kleine Katze, die mitten auf dem Ring in Bocholt gefunden wurde. Man sagte mir vom Verein aber direkt, dass sowohl das Tierheim als auch alle weiteren Stellen voll waren und erst noch geschaut werden musste, wo die Kleine untergebracht werden konnte. Nach vielem Hin und Her wurde doch niemand gefunden …

Eigentlich war ich gar kein Katzen-Mensch … eigentlich hatte ich sogar eine sehr starke Katzenhaar-Allergie …

Tja, und eigentlich entschied ich mich dann dazu, die Kleine ERST MAL bei mir aufzunehmen. Ich holte sie ab, ein kleines, zwei Wochen altes Häufchen Elend.

Gott sei Dank waren meine Eltern gerade im Urlaub, also musste ich mich nicht um das Problem kümmern, sie um Erlaubnis zu fragen. Ich hatte bereits Tiere mit der Flasche großgezogen und wusste somit, was zu tun war.

Die ersten Tage haben die kleine Katze und ich gut überstanden, doch dann kamen meine Eltern aus dem Urlaub ... Eine Pflegestelle war noch nicht gefunden ... Zumindest jetzt nicht. Es bestand aber die Möglichkeit, die Kleine abzugeben, sobald sie selber fressen konnte.

Nachdem der anfängliche Ärger zuhause überstanden war und sich alle Hals über Kopf in Gwin, wie ich die Kleine getauft hatte, verliebt hatten, hieß es nach vier Wochen Abschied nehmen, und dies taten wir ...

Erst mal ...

Verfrühte Weihnachten. Chilli.

Kurze Zeit später war ich immer noch traurig, dass ich Gwin hatte abgeben müssen, allerdings wusste ich, dass dies die einzig vernünftige Entscheidung gewesen war. Ich steckte gerade mitten in den Vorbereitungen für den Schulanfang nach den Sommerferien, da klingelte es an der Tür.

Ich hörte meine Mutter die Tür aufmachen, dann eine Diskussion mit jemandem, und kurze Zeit später rief sie mich.

Ich kam die Treppe herunter und sah sie etwas in die Küche tragen.

Da war sie, der kleinste Flohzirkus der Welt. Ein kleines Häufchen Elend, das vor lauter Schwäche nicht einmal den Kopf heben konnte.

Chilli, wie wir sie nannten, sollte von einem Bauern erschossen werden, da sie eh zu schwach sei, um zu überleben. Wir riefen direkt Natascha von der Katzenhilfe an, die uns riet, mit der Kleinen als erstes zum Tierarzt zu gehen.

Natürlich machten wir uns sofort auf den Weg. Eine ganze Zeit waren wir dort, aber nach einer Infusion wurden wir mit Flohmittel, Wurmmitteln und Medikamenten gegen Katzenschnupfen bewaffnet nach Hause geschickt.

Chilli hat sehr lange um ihr Überleben gekämpft. Der Kampf hat sich gelohnt, sie nahm immer besser zu und war bald bereit für Gesellschaft. Sofort war uns klar, dass dafür nur eine kleine Katze in Frage kam: Gwin.

Nach Absprache mit Natascha und der Pflegestelle holten wir Gwin wieder ab . Ihr könnt euch nicht vorstellen, wie sehr ich mich gefreut habe!

Chilli jedoch freute sich überhaupt nicht. Sie machte den lächerlichsten Zwergenaufstand, den wir jemals gesehen hatten, als Gwin aus ihrer Box kam. Es dauerte zwei Wochen, bis die beiden sich endlich verstanden, danach waren sie aber nie mehr ohne einander zu sehen.

Einige Wochen später waren die zwei soweit, um in ein neues Zuhause zu ziehen … eigentlich…

Wir hatten ein paar potentielle Adoptanten hier, die jedoch alle nicht so richtig zu den beiden passten. Mittlerweile war einige Zeit vergangen, bald war Weihnachten.

Es kam eine weitere Adoptantin, gegen die das erste Mal nichts sprach … ich war sehr traurig, weil ich wusste, dass es nun bald so weit war. Ich habe damals wirklich viel geweint.

Natascha rief mich noch an, um ein paar Infos für einen Vertrag zu erfragen. Da unterbrach meine Mama das Gespräch. Sie sagte Natascha, dass sie nun die Weihnachtsüberraschung vorverlegen müsse, und sie dachte eigentlich, dass sie noch Zeit hätte, um mit Natascha darüber zu sprechen … ich habe erst mal gar nichts verstanden.

Bis ich verstand …

Ich sollte die beiden Kätzchen zu Weihnachten haben, oder vielmehr die Erlaubnis, dass sie hierbleiben durften. Das war das beste Weihnachtsgeschenk, was ich je bekommen habe!

Die beiden sind nun seit zehn Jahren an meiner Seite, und mit ihnen ist von meiner Allergie keine Spur festzustellen.

Chilli und Gwin, ihr habt uns zu Katzen-Menschen gemacht, und dafür sind wir euch sehr dankbar! Ihr habt euch in unseren Herzen verankert, so tief, dass wir euch nie wieder loslassen wollten.

Vor die Füße gepurzelt. Scotty.

Eben Mist wegbringen bei unserem Nachbarn … dachte ich.

Ich machte mich also an dem Tag auf den Weg, um Mist bei unserem Nachbarn wegzubringen. Weil ich aber so bin wie ich bin, musste ich anschließend den Kühen dort auf dem Hof noch eben Hallo sagen.

Ich ging durch die Tür zum Kuhstall, als mir plötzlich ein kleiner Kater völlig panisch aus dem Stall entgegenkam und wortwörtlich vor die Füße purzelte. Er ordnete sich schnell und versuchte dann sehr wackelig in das Heulager zu kommen.

Ich sah ihm nach, er verschwand vorerst im Heu. Ich fuhr nach Hause.

Unterwegs ging mir der Kater nicht aus dem Kopf, und ich rief Natascha an, die sich gleich auf den Weg zu dem Hof machte. Schnell war die Besitzerin gefunden, und es stellte sich heraus, dass der kleine Kater diesen taumeligen Gang schon lange hatte und es damit immer schlimmer wurde. Bald sollte er zum Einschläfern zum Tierarzt.

Natascha bat die Dame, den Kater mitnehmen zu dürfen. Zu unserem Erstaunen war sie darüber froh und gab ihr den Kleinen mit. Damit hatten wir so schnell nicht gerechnet, und es war natürlich nichts vorbereitet. Ich fühlte mich verantwortlich für ihn und machte schnell mein Gästebad bereit.

Der Kleine wurde dem Tierarzt vorgestellt, direkt kastriert und kam danach zu mir. Seine Diagnose lautete „Ataxie" ... oder wie ich es nannte, eine Wackelkatze.

Was soll ich sagen ... er hasste mich. Vom ersten Tag an hat er gefaucht, gekratzt und gebissen. Und ich ... ich liebte ihn vom ersten Tag an und wusste, er ist besonders. Acht Wochen habe ich um seine Gunst gekämpft, mich nach allen Regeln der Kunst bei ihm eingeschleimt ... nichts zu machen, er hasste mich.

Tja, bis auch er mich plötzlich liebte. Anders kann ich es nicht beschreiben, und ich weiß auch nicht, was dazu führte, er entschied es einfach. An diesem besagten Tag hat er mir einfach so aus dem Nichts erlaubt, ihn zum ersten Mal zu berühren.

Seitdem durfte ich alles, er war so verschmust und lieb, seine ganze Mimik entspannte sich, und wir wurden dicke Freunde. Auch mein Freund war hin und weg von ihm, so wie eigentlich jeder, der ihn kannte. Scotty liebt sogar unsere Hündin Annie.

Leider haben wir schnell festgestellt, dass sein Zustand sich in Schüben über ein Jahr lang verschlechterte. Was ihn aber nicht aufhält. Scotty kann nicht mehr laufen, aber er frisst und spielt und freut sich, wenn wir kommen. Er hat ein lautes Organ und fordert genau das ein, was er grade braucht. Er hat uns gezeigt, dass man nicht immer perfekt sein muss, um es ganz, ganz tief in jemandes Herz zu schaffen. Bei Scotty wusste ich von Sekunde Eins an, dass er nie mehr gehen wird, auch wenn ich es als Ausrede zunächst immer so gesagt habe.

Scotty, wir lieben dich bis zum Mond und zurück, du bist unser kleiner Kämpfer. Du bist stark für uns, und wir werden immer alles für dich tun, um dir entgegen vieler Meinungen dein bestes Leben zu geben.

Ein Freund. Alfi.

Scottys Geschichte kennt ihr jetzt, aber da gibt es noch jemanden, der Scottys und auch unser Leben so richtig auf den Kopf gestellt hat: Alfi ... Froschi ... Glubschi

Lange haben wir überlegt, ob Scotty einen Freund kriegen sollte, damit er spielen kann und seine Muskeln somit länger fit bleiben. Doch das Richtige für ihn gefunden haben wir nicht.

Bis mich Heike ansprach, ob ich eventuell Platz hätte für einen kleinen Kater mit einem Wasserkopf. Ich sagte erst mal zu, denn ein Zuhause suchen kann man ja immer noch. Gesagt, getan, ich holte den Kleinen ab.

Unter dem Namen Froschi/Glubschi fand ich einen kleinen struppigen Kater mit riesigen Augen vor. Ich muss euch sagen, Liebe auf den ersten Blick war es nicht …

Nach der Quarantäne und allen Untersuchungen wagten wir die Vergesellschaftung von Alfi und Scotty, und ich war wirklich skeptisch. Scotty konnte zu dem Zeitpunkt schon nicht mehr laufen, und Alfi war ein voll im Saft stehender pubertierender Kater … das konnte ja nur gutgehen …

Und es ging tatsächlich einfach gut! Die beiden liebten sich vom ersten Moment an, und ab da hatte mich der kleine freche Kater mit den Riesenaugen …

Er putzte Scotty, kuschelte mit ihm und schlief Seite an Seite mit ihm. Uns macht der Kleine das Leben etwas schwer, ständig klaut und versteckt er alles, was er zwischen sein Pfoten bekommt. Vom Schlüssel bis hin zur Fernbedienung ist nichts vor ihm sicher. Alfi ist ein absoluter Clown und Tollpatsch, er bringt uns so oft zum Lachen.

Alfi, du hast dich in unser Herz geschlichen, langsam aber umso tiefer.

Katzengeschichten Teil Zwei

Michele Evangelista

Firmenwechsel. Gizmo.

Ich war einst der bekannteste Kater von Werth, da bin ich mir sicher. Ich arbeitete im Raiffeisen-Markt in Werth. Meine Aufgabe? Bewachung von Hof und Laden, ungebetene Gäste fernhalten, das Prüfen der Streichel-Fähigkeiten der Menschen und vor allem das Probeliegen in den Körbchen hier, wir wollen ja nur Qualität verkaufen.

Aus welchem Grund auch immer haben sie mir die Kündigung reingereicht. Ich habe das nicht verstanden, dabei habe ich meinen Job doch so ernst genommen!

Gott sei Dank ist Natascha eine super Job-Vermittlerin, und so kam ich kurzerhand zu Michele. Mein Job besteht jetzt weniger aus Qualitätsmanagement, jetzt bin ich eine richtige Hofkatze mit allem, was dazu gehört. Sie sagten mir, mein Job sei es, mich um die kleinen Nagetiere zu kümmern. Kein Problem für so ein Arbeitstier wie mich.

Könnt ihr euch vorstellen, dass sie mich erst mal an einer Leine mit raus genommen hat … eine LEINE!!! Ich bin doch kein Hund!

Sie sagt immer, sie hat Angst, dass mir was passiert … die hat keine Ahnung, dass ich mich bestens auskenne. Naja, ich spiele mal mit. Und dann kam der Tag der Tage, ich durfte zum ersten Mal raus.

Ich wollte den ersten Tag alles richtig machen und gab mein Bestes. Mit stolzer Brust kam ich abends nach Hause. Michele kam ganz aufgeregt auf mich zu und fragte: „Gizmo, was ist denn mit dir passiert?"

Ich wusste gar nicht, was sie meinte, hatte ich was falsch gemacht? Sie nahm mich hoch und untersuchte mich. Aber was war denn nun mit mir? So langsam bekam ich Panik, war ich etwa verletzt worden von den kleinen Mistviechern?

Auch nach gründlicher Suche fand sie keine Wunde und fragte mich, woher denn das ganze Blut käme. Da musste ich ihr erst mal meinen Job erklären ... was dachte sie denn, wie das geht?

Ihr könnt es euch nicht vorstellen ... danach hat sie mich auch noch gewaschen ... ich habe mich ordentlich gewehrt und ihr erst mal klargemacht, dass man so einen Kater nicht wäscht und schon gar nicht die Spuren einer ordentlichen Schicht verschwinden lässt. Das mache ich schon selber.

Zum Glück versteht sie recht schnell.

Seitdem haben wir zwei einen kleinen Scherz, und sie fragt mich jeden Abend, ob die Nachbarn noch leben, wenn ich nach Hause komme. Aber keine Sorge, sie ärgert mich nur ein wenig.

Mein neues Leben gefällt mir ganz gut, und ich glaube, das ist der Job fürs Leben.

Eine gute Nachbarschaft. Oskar.

Mein Name ist Oskar, ich bin siebzehn Jahre alt und der einzig wahre Kater der Nachbarschaft. Ich habe es geschafft, mich bisher von niemandem außer meiner Anneliese streicheln zu lassen. Ich denke, auch gesehen hat mich bisher keiner.

In der letzten Zeit geht es meiner Anneliese nicht so gut. Aber keine Sorge, sie schafft es noch, mir jeden Tag mein Essen zu machen, und die Hühnerkeule kocht sie mir auch noch.

Eines Tages stand ein Mädchen bei uns im Wohnzimmer. Ich hörte nur irgendwas von Krankenhaus und dass ich ein lieber Junge bin und abends von alleine reinkomme. Was war denn hier los?

Meine Anneliese wurde abgeholt, und dann war ich mit dem Mädchen alleine. Sie setzte sich auf Annelieses Sessel und wollte mich beruhigen.

Das mache ich nicht mit, schnell wie der Blitz verschwand ich in meinem Schlafzimmer. Ich warte einfach, bis meine Anneliese nach Hause kommt.

Doch sie kam nicht wieder. So langsam machte ich mir Sorgen.

Ich muss wohl doch mal zu dem Mädchen gehen, sie weiß bestimmt etwas. Sie kommt immer morgens und abends und macht übrigens auch super Essen.

Als sie morgens da war, bin ich zu ihr auf die Couch gesprungen und habe mich von meiner besten Seite gezeigt. Sie war ganz verblüfft, dabei liebe ich es ja, gestreichelt zu werden, aber eigentlich nur von meiner Anneliese. Aber das Mädchen kann eigentlich auch ganz gut kraulen, musste ich feststellen.

Sie erklärte mir, dass Anneliese krank sei und wahrscheinlich nicht mehr nach Hause käme, und dass sie sich gerne um mich kümmern würde und möchte, dass es mir gut geht. Das war ein ganz schöner Schock, und ich habe lange gebraucht, um das zu verarbeiten.

Nach ein paar Wochen freundete ich mich mit ihr an, sie scheint ein ganz liebes Mädel zu sein. Eines Tages nahm sie mich einfach mit in einer Transportbox! In so einem Ding war ich noch nie, jetzt spinnt sie wohl!

Angekommen bin ich in einem Raum mit einem großen Fenster, von dort aus konnte ich auf eine riesige Wiese gucken mit Hühnern ... lebend ... ob sie die alle für mich kocht?

Nein. Sie erklärt mir, dass die Hühner hier auch zur Familie gehören. Na gut ...

Hier fühle ich mich auch ganz wohl, sie haben mir aus Annelieses Wohnung sogar meinen Lieblingssessel mitgenommen. Natürlich darf ich hier auch raus, und hier habe ich einen ganzen Bauernhof zur Verfügung. Keine Nachbarn mehr, vor denen ich mich verstecken muss.

Ich habe hier noch ein ganz langes Leben, und irgendwann sehe ich meine Anneliese wieder!

Manchmal ist es gut, Menschen um sich zu haben, die sich um einen kümmern, auch um so einen eigenständiger Kater, wie ich es bin.

Von Ponys und Katzen

Margit Günster

 *Wusstet ihr eigentlich, dass wir Katzen auch ganz tolle Freundschaften zu anderen Tieren aufbauen können? Ja, so flexibel sind wir.*

Katzen und Stall, das gehört sowieso zusammen. Für uns ein großer Abenteuerspielplatz. Und wenn man dann noch liebevoll versorgt wird – was kann es Schöneres geben?

Hallo, mein Name ist Peter Pony.

Ja, ich weiß, das soll ein Katzenbuch sein. Ich will ja auch über Katzen schreiben, denn ich als Pony habe dazu ebenfalls einiges zu sagen.

Wenn das Buch wieder nur von Menschen und Katzen geschrieben wird, dann wirkt es ja doch ziemlich einseitig. Schließlich hat unsereins auch sehr viel mit Katzen zu tun. Man denke nur an die vielen Stallkatzen, die es überall gibt. Oder an die vielen Streuner, die sich in der Nähe aufhalten und versuchen, etwas zu fressen zu finden und einen warmen, trockenen Platz irgendwo im Heu oder Stroh.

Es soll sogar Ställe geben, wo man solche Tiere vertreibt oder einfängt und sie ins Tierheim schafft. Obwohl die nichts anstellen und auch nur leben möchten. Wobei das Tierheim ja vielleicht eine gute Idee ist, denn dort werden die Streuner versorgt und finden vielleicht ein Zuhause. Da ist verjagen schon viel schlimmer.

Da, wo Margit mich kennenlernte und kaufte, gab es nur eine Stallkatze, die Kleo. Sie war aber gerne gesehen und wurde auch gefüttert. Sonst hat man sich allerdings wenig um sie gekümmert.

Später wohnte ich fast ein Jahr bei einem Bauern. Dort gab es Rinder und Schweine, aber keine Katzen. Vermutlich wegen der Hunde, die der Bauer hatte.

Dann hatten Margit und ihre Schwester endlich den Stall fertig gebaut und ich zog zu ihr, zusammen mit dem Pferd ihrer Schwester. Wir kriegten einen Offenstall am Rand vom Dorf, in dem sie wohnt. Und eine Katze kam dazu. Margit besorgte eine vom Tierschutz. Sie bat extra um eine, die sich nicht viel aus Menschen machte. Sie wollte nämlich nicht, dass die Katze versuchte, ihr nachzulaufen.

Margit wohnt zwar ganz in der Nähe, aber dazwischen ist eine Bundesstraße, da ist sehr viel Betrieb, immer mal wieder Unfälle und leider sehr viele überfahrene Tiere, hauptsächlich Katzen. Da macht es auch Sinn, dass die Katze hier bei uns leben sollte und gar keine Lust hatte, mit ihr heimzugehen.

So kam Polly zu uns. Sie musste was Schlimmes hinter sich haben, kannte aber das Leben im Stall.

Sie versteckte sich immer im Stroh und wollte anfangs nichts von Margit wissen. Später war sie dann bei ihr eine richtige Schmusekatze. Sie hatte nämlich gemerkt, dass Margit gar nicht so war wie ihr vorheriger Mensch. Margit schlug und trat nicht (aber schimpfen und meckern kann sie ganz gut), und sie fütterte auch täglich. Wasser musste sie ihr nicht geben, denn Polly klaute sowieso unser Wasser. Nur mit uns Ponys wollte sie nichts zu tun haben.

Polly wollte uns zwar gerne kennenlernen, aber mein Kumpel Anton mochte keine Katzen und hat sie gejagt. Da ist sie uns dann lieber aus dem Weg gegangen.

Kurz nach Polly kam Rambo zu uns, ein Katzenbaby. Es konnte all das Neue gar nicht glauben, denn es hatte zuvor in der Stadt gelebt und war als Kinderspielzeug missbraucht worden. Stellt euch das mal vor, sie hatten die Kleine in einen Puppenwagen gesteckt und darin herumgefahren. Mit solchem Unsinn war natürlich Schluss, so etwas gab es bei uns nicht.

Rambo war eine wilde Hummel und hatte allerlei Unsinn im Kopf. Zunächst allerdings war sie schon am zweiten Tag spurlos verschwunden. Margit suchte und rief. Das Rufen fand ich lustig, denn Rambo wusste noch gar nicht, dass sie nun Rambo hieß. Bei ihren vorherigen Menschen war ihr Name nämlich Tommy. Die hatten gedacht, dass sie ein Kater wäre.

Margit hatte das einfach so übernommen und bestimmt, dass Tommy nun Rambo heißen sollte. Hätte sie mal lieber nach Tommy gerufen, dann hätte die auch gewusst, dass sie gemeint war. Sie war nämlich ganz in der Nähe gefangen und hätte antworten können. Wenn sie gewusst hätte, dass nach ihr gerufen wurde, und nicht nach irgendeinem Rambo. Und vielleicht hätte sie geantwortet. Es ist aber trotzdem noch gut ausgegangen.

Neben dem Weg, den Margit immer gehen muss, steht ein Haus mit einem riesigen Garten. Der reicht fast bis zu uns, ist aber auf der anderen Seite vom Weg. Dort ist eine sehr hohe Hecke, da haben die Nachbarn wenigstens ihre Ruhe und werden nicht belästigt (hätten wir übrigens auch ganz gerne). Jedenfalls war Margit gerade auf dem Heimweg, als sie hörte, wie diese Leute sich hinter der Hecke unterhielten. Dass die noch viel zu klein ist, um alleine hier herumzulaufen. Und dass sie sie am besten ins Tierheim bringen.

Margit hat dann nachgefragt, ob sie zufällig von einer kleinen grauen Tigerkatze redeten. Treffer. Die Nachbarn haben Rambo natürlich sofort freigelassen. Sie wussten nicht, dass Rambo zu uns gehörte. Und weil es eigentlich keine Babykatzen in der Nähe gab, waren sie davon ausgegangen, dass Rambo sich verlaufen hatte oder ausgesetzt worden war. Deshalb hatten sie die Kleine eingefangen und eingesperrt, damit ihr nichts passierte.

Ein paar Tage später hörte Margit morgens eine Katze in genau diesem Garten schreien. Weil Rambo nicht zum Frühstück gekommen war, hatte sie durch den Durchgang zum Weg in den Garten geschaut – und dann unsere Leiter geholt und Rambo aus einem Baum gepflückt. Die saß nämlich dort oben und konnte nicht mehr runter.

Margit muss sehr früh arbeiten, sie kommt immer schon zu uns, wenn die Leute noch alle schlafen. Deshalb hat sie an dem Morgen auch nicht geklingelt und gefragt, ob sie in den Garten dürfte. Das hätten die Menschen dann sicher nicht so gut gefunden. Aber weil sie mit denen eigentlich immer gut auskommt und der Baum ganz dicht an dem Durchgang stand, ist sie schnell einfach so reingegangen, um Rambo zu holen. Die Menschen hatten dann auch nichts dagegen als sie ihnen nachmittags davon erzählte.

Rambo fand uns Ponys (inzwischen war noch Leo hinzugekommen) toll und ist auch viel auf uns herumgeturnt. So etwas hatten die Menschen hier noch nie gesehen, deshalb blieben die oft stehen, um zuzuschauen. Oder sie guckten dumm, wenn wir beim Spazierengehen mit Katze unterwegs waren. Rambo ist nämlich des Öfteren einfach mitgegangen. Warum auch nicht.

Leider war sie fast noch ein Baby, als sie starb. Sie war nur ein paar Monate bei uns, denn sie hatte leider eine ganz schlimme Krankheit. Die wurde obendrein auch noch zu spät entdeckt, obwohl Margit mit ihr beim Doktor war, denn sie hatte bemerkt, dass es ihr nicht gut ging.

Das ist alles schon sehr lange her, heute müssen Katzen deswegen nicht mehr sterben. Aber damals gab es noch kein Medikament und keine Behandlung. Arme kleine Rambo.

Dann - einige Monate später - kamen Flipper und Skippy. Die Namen waren natürlich Margits Idee. Die kriegt es sogar fertig und nennt ein weißes Zwergkaninchen Blacky. Vielleicht ganz gut, dass sie mir meinen Namen Peter gelassen hat. Wer weiß, wie ich sonst heißen würde. Sie machte daraus Peter Pony, nennt mich aber doch meist Peter. Schlimm genug, dass sie mich manchmal Moppi nennt, nur weil ich früher mal ein bisschen moppelig war.

Flipper und Skippy waren Babys, die "übrig" waren. Kaum zu glauben. Warum sorgen die Menschen nicht dafür, dass ihre Katzen nicht ständig Babys kriegen? Margit macht das bei all ihren Katzen, auch bei den Katern. Manchmal ist sie nämlich richtig vernünftig.

Flipper war sofort begeistert von uns. Er war sehr schnell überzeugt, dass Katzen und Ponys von Natur aus zusammengehören. Er turnte auch gerne auf uns herum. Skippy nicht so, sie hatte zwar keine Angst vor uns, aber sie war keine Reitkatze. Flipper dagegen schon. Er hatte hier auch einen Katzenfreund gefunden. Der wohnte etwa hundert Meter weit weg und kam täglich zu Besuch.

Zuerst ist er jeden Abend pünktlich heimgegangen. Dann ließ er sich Zeit und ging erst, als sein Mensch herumrannte und ihn rief. Später musste sein Mensch dann kommen, um ihn abzuholen. Oder Margit hat ihn zurückgebracht. Irgendwann hat der Mensch es dann aufgegeben, er wusste ja, dass sein Kater bei uns war. Bloß fressen wollte der bei uns nicht, Margit hatte wohl nicht das „richtige" Futter verwendet. Er kam trotzdem jeden Tag und ging mit Flipper auf Tour.

Sein Name war übrigens auch Peter. Margit nannte ihn immer KP (= Katzen-Peter), um Verwechslungen zu vermeiden. Irgendwann kam er nicht mehr. Er blieb spurlos verschwunden. Kommt ja leider bei Katzen schon mal vor. Ob ihm etwas passiert ist?

Später kam dann Peters Vater immer hier vorbei, um Flipper abzuholen. Die beiden wurden zwar nicht so dicke Freunde wie Flipper und KP, aber sie mochten sich. Er hieß Willi. Margit und Dagmar sagten immer „Wenerhannesse Willi". Sein Mensch heißt zwar ganz anders, aber das ist der Dorfname.

Neben Willi und KP hatten wir auch lange Zeit einen anderen Gast, den Fred Astaire. Natürlich nicht den echten. Soweit ich weiß, ist das eigentlich ein berühmter Mensch. Warum der Kater so hieß, weiß niemand. Margit versuchte herauszufinden, wem er gehörte. Das konnte ihr niemand sagen, aber in der einen Straße vom Dorf kannte man ihn wohl, denn der Name fiel immer sofort bei der Beschreibung. Mehr war aber nicht bekannt. Auch nicht, warum und von wem er den Namen bekommen hatte. Fred Astaire hatte damals aber bestimmt ein Zuhause. Oder zumindest Menschen, die sich gut gekümmert haben. Er hat immer gut und gepflegt ausgesehen, machte nie Anstalten, Futter zu klauen. Ärger machen wollte er auch nicht. Er wollte nur auf Stroh liegen. Dort lag er dann eine Zeitlang, dann ging er wieder. Er hat auch nie Schmutz gemacht oder etwas beschädigt, deshalb haben unsere Katzen ihn geduldet. Margit sowieso. Sie hätte nur zu gerne etwas mehr über ihn gewusst. Menschen sind eben ziemlich neugierig.

Irgendwann kam er dann nicht mehr. Hoffentlich ist ihm nichts passiert.

Flipper wurde leider auf dieser blöden Straße getötet, er wurde nur vier Jahre alt.

Margit wollte eigentlich keinen Nachfolger für ihn. Sie ist aber zu den Leuten gegangen, von denen sie ihn hatte, um ihnen das zu sagen. Seine Mutter hatte auch schon wieder Junge. Margit hat sie natürlich angesehen und mit ihnen gespielt. Da war ein kleiner Kater, der hat sich sofort in sie verliebt und wollte am liebsten bei ihr bleiben. Ging aber nicht, weil er schon ein neues Zuhause in Aussicht hatte. Und weil Margit auch keine neue Katze haben wollte. Nun ratet mal, wer kurze Zeit später bei uns eingezogen ist.

Sein Mensch hatte sich bei Margit gemeldet und erzählt, der neue Mensch wolle eigentlich zwei Katzen nehmen. Dann habe er es sich überlegt und wolle doch nur eine. Ihm war wohl eingefallen, dass zwei Katzen auch zweimal Geld kosteten. Er wolle aber Tarzan (der damals noch keinen Namen hatte) haben. Margit wollte den eigentlich auch, wenn sie schon einen von den Beiden nehmen „muss". (Sie hätte auch den anderen genommen, das hat sie natürlich nicht gesagt, denn sie wollte ganz gerne Tarzan haben). Die Frau sagte dann, wenn Margit schon die „Reste" nimmt, dann soll sie auch aussuchen können. Der andere Mann war zum Glück einverstanden und hat Tarzans Bruder genommen, während Tarzan zu uns kam und seinen Namen bekam.

Sein Bruder soll aber auch ein gutes Zuhause bei diesem Menschen bekommen haben. Hoffentlich stimmt das so!

Tarzan war ein ziemlich wilder Bursche und - genau wie sein Bruder Flipper - eine Reitkatze. Zumindest hat Margit das behauptet. Sie sagte, wir sind Westerwälder Reitkatzen. Weil wir hier im Westerwald leben. Sie hat sogar mal einen Geschichtenwettbewerb von der hiesigen Zeitung gewonnen. Na ja, eigentlich war das Flipper, der seine Rasse vorgestellt hat. Aber ihr Menschen tut ja immer so, als wäre das alles von Menschen gemacht. Wenigstens wurde die Rasse „Westerwälder Reitkatzen" dadurch ein bisschen bekannter.

Ein paar Monate später war in dieser Zeitung ein Nikolausfoto von Flipper und Leo, zusammen mit einem Gedicht an den Nikolaus. Dort wünschten sie sich Möhren für uns und eine fette Maus für jede Katze. Habe ich nicht ganz verstanden, Margit kauft ihnen doch Futter, und Mäuse fangen sie gelegentlich selbst. Musste aber wohl so sein, weil sich Maus auf Nikolaus reimt.

Muss ich nicht verstehen.

Am nächsten Tag gab es eine Überraschung. Eine Frau kam vorbei und brachte eine Packung Möhren für uns. Und Trockenfutter für die Katzen, weil sie keine Mäuse hatte. Aber ihr hatten das Gedicht und das Foto so gut gefallen, dass sie uns den Wunsch erfüllen wollte. Nett von ihr!

Ich könnte natürlich noch viel mehr erzählen, aber Margit sagt, ich muss aufhören. Weil vorgeschrieben ist, wie lang meine Story sein darf.

Schade, ich hätte noch viel zu berichten.

Euer Peter Pony

Wenn die Miez dreimal klingelt

Brunhild Hauschild

 *Ich finde es total spannend, wenn in der Nachbarschaft neue Katzen erscheinen. Sind es Kumpel zum Spielen und Jagen? Begegnen wir uns überhaupt oder finde ich nur ihre Markierungen?*

„Nanu, wer bist du denn?" begrüße ich die Katze, die in sicherer Entfernung vor meiner Haustür sitzt. Sie schaut mich nur kurz an, duckt ihren Körper so, als wenn sie sich ganz klein machen wollte und ich sie gar nicht sehen kann. Wenig später zwängt sie sich lange hinter mir in letzter Sekunde durch die sich schließende Tür.

Sie hält Abstand, wirkt scheu. Aber sie weiß offensichtlich, dass sie hier hingehört.

Im Haus sind fast gleichzeitig drei Wohnungen neu bezogen worden. Heutzutage ist es nicht mehr so, dass die Neuen durchs Haus gehen und sich vorstellen. Man begegnet sich zufällig im Treppenhaus, sagt vielleicht noch „Guten Tag", und das war´s.

Und trotzdem lernt man sich kennen, durch die vielen kleinen Dinge rund ums Einrichten, durch die Schuhe oder anderes vor der Wohnungstür, die Geräusche dahinter.

An einem sonnigen Frühlingstag sitzen auf der Balkonbrüstung im Parterre zwei Katzen und lassen sich die Sonne auf den Pelz scheinen. Der Katzenvater raucht im Hintergrund. Wir nicken uns zu. „Guten Tag, haben Sie sich schon einigermaßen in unserem Haus eingelebt?" frage ich ihn.

„Danke, wir sind fast fertig mit dem Umbau der Wohnung", antwortet er.

Eine der Katzen kommt mir bekannt vor. Sie hat einen markanten weißen Fleck auf ihrem Latz und weiße Pfötchen. Aha, nun weiß ich, wo sie hingehört.

Meist begegnet mir die Miez abends, kurz vor dem Dunkelwerden. Noch immer reagiert sie scheu und vorsichtig, wenn Fremde in ihre Nähe kommen. Ich habe sie „Miez" getauft, weil ich nicht weiß, ob sie eine Katze oder ein Kater ist. „Hallo, Miez, willst du wieder ins Warme?" spreche ich mit ihr, und sie schlüpft wirklich in letzter Sekunde durch den schmalen Spalt der sich schließenden Tür.

Bei der jungen Frau vom Parterre ist der Babybauch nicht mehr zu übersehen. „Wie geht es Ihnen?" frage ich an einem kühlen Herbsttag. „Wann ist es denn soweit?"

„Vielen Dank, mir geht es recht gut. Unser Baby wird im Dezember zur Welt kommen", antwortet sie freundlich und lächelt in sich hinein. „Na dann, alles Gute", lächle ich zurück.

Nach Weihnachten steht ein Kinderwagen vor der Parterrewohnung.

Die Miez schleicht um unsere parkenden Autos herum, sucht Schutz vor der Kälte und dem Schnee. Sie ist wachsam. Sobald ein Autobesitzer in sein Gefährt steigt, macht sie sich aus dem Staub. Es stehen ja noch genug andere Unterschlupfe herum.

Zwischen Weihnachten und Neujahr steht der junge Vater rauchend auf seinem Balkon, als ich nach Hause komme. „Guten Tag und herzlichen Glückwunsch", grüße ich ihn. „Wie geht es der jungen Mutter und dem Baby?"

„Es ist ein Mädchen geworden. Beiden geht es sehr gut, vielen Dank", strahlt er mich an.

Inzwischen scheint die Miez auf mich zu warten. Immer, wenn ich um die Mittagszeit die Haustür aufschließe, höre ich hinter mir ein leises Mauzen. Und so ist es auch abends.

„Also, Miez, jetzt weiß ich ja, wo du wohnst. Ich klingle einfach für dich, und deine Familie wird dich schnell einlassen", erkläre ich ihr. Sie scheint einverstanden, streicht in sicherem Abstand an dem Treppenhaus entlang und blickt mich unverwandt an.

Es klappt. Ich klingle dreimal, das ist im Haus mein Erkennungszeichen. Als ich im ersten Stock ankomme, öffnet sich unten leise die Tür.

„Komm rein, du Rumreiber", wird die Katze empfangen und ein lauteres „Dankeschön" kommt bei mir oben an.

Die ersten warmen Sonnenstrahlen künden den Frühling an. Die zwei Katzen sitzen wieder auf der Balkonbrüstung. Der junge Mann raucht und grüßt freundlich.

Inzwischen wechseln wir immer einige Worte. „Warum stromert nur EINE der beiden Katzen draußen herum?" frage ich ihn.

„Das ist der Kater, der will raus, der ist neugieriger und aktiver. Die Katze hier", er deutet auf die andere Miez, „begnügt sich mit dem Balkon. Sie ist eine typische Hauskatze."

„Wie heißt denn der Kater, dann kann ich ihn künftig besser mit Namen anreden", frage ich.

„Er heißt Taffi."

Wochen später werkelt der junge Mann auf dem Balkon. Er bringt ein Netz vor der Balkonbrüstung an, es reicht bis zur Decke hoch.

„Hallo. Nanu, was ist denn passiert?" grüße ich ihn.

„Stellen Sie sich vor, gestern Morgen klingelten unsere Nachbarn vom Nebenhaus. Sie berichteten von einer sehr aufregenden Nacht. Kurz, unser Taffi hatte einen Ausflug nach nebenan unternommen und es sich dann in den Betten bequem gemacht. Die Nachbarn haben sich natürlich total erschreckt", klärt er mich auf. „Wir wissen nicht, wie er dahin gekommen ist, aber vorsichtshalber schotte ich mit dem Netz den Balkon ab. Und übrigens: Vielen Dank für das Klingeln."

„Gern geschehen. Taffi wird immer zutraulicher", gebe ich zurück.

Tatsächlich. Der Kater kennt inzwischen auch meinen Mann und dankt unsere Klingelhilfe durch Annäherungsversuche. Oft sitzt er im Gebüsch vor der Haustür, mauzt leise: „Hier bin ich." und kommt mit einem Satz hervor. Wenn er den ganzen Tag umherstromern konnte, fordert er zuerst seine Streicheleinheiten bei uns ein. Er schmust vorsichtig an unseren Beinen entlang, schiebt seinen Schwanz in die Höhe, verharrt. Dann schnuppert er an unseren Taschen, an unseren Schuhen. Nun ist es an uns, ihn zu begrüßen. „Hallo, Taffi, hast du Hunger? Willst du mit hineinkommen?" Mit seinen dunkelgrünen Augen schaut er zu uns auf, rennt an uns vorbei und sitzt bereits vor seiner Tür. „Na, dann wollen wir mal klingeln", erklären wir ihm. Er wartet schon ungeduldig auf der warmen Fußmatte, dass die Tür geöffnet wird. Wir hören dann ein „Dankeschön und einen guten Abend", und wissen, Taffi hat Einlass gefunden.

Drei Jahre sind vergangen.-

Vom Bartputzer zum Klingelputzer.

Im Frühling wird die kleine Vivien ein Geschwisterchen bekommen. Ganz stolz hat sie uns erzählt: „Ich habe bald ein Brüderchen, das muss aber noch viel schlafen. Jetzt bin ich schon groß und komme bald in die Schule." Und Taffi genießt die Sonnenstrahlen vor dem Haus. Er räkelt sich auf den Baumwurzeln, streckt alle Viere in den blauen Frühlingshimmel, dreht sich von links nach rechts und lässt sich bei seiner Fellpflege nicht stören. Er gehört hier hin, er kennt alle Mieter, alle kennen ihn. Auch er ist gewachsen, ist eben ein stattlicher Kater geworden.

Vor kurzem hat er uns sein neuestes Kunststückchen vorgeführt. Dazu hat er sich ganz lang an seiner Wohnungstür in die Höhe gestreckt und die rechte Pfote auf den Türknauf gelegt.

Bald wird er wohl alleine klingeln können.

Alles im Griff

Bianca Heder

Jeder **Morgen, zwischen 04:30 und 05:00 Uhr**   Ich liege im warmen, weißen Sand. Über mir blitzt es auf. Die Sonnenstrahlen durchdringen die Blätter der Kokosnusspalme. Neben mir liegt mein Ehegatte. Wir blicken uns tief in die Augen. „Ich liebe dich", raune ich ihm zu. Er lächelt. Ich sehe, wie sich seine Lippen bewegen. Gleich sagt er, was ich immer so gerne höre: „Miaaaaau". Okay, das kam unerwartet. Ich blicke ihn mit hochgezogenen Augenbrauen an. Er lächelt mich schnurrend an. Uff ... etwas Schweres fällt mir auf den Bauch. Vielleicht eine Kokosnuss?! Mein Ehemann robbt ganz nah an mich ran. Seine Lippen berühren mein Ohr, gefolgt von einem langgezogenen schiefen „Miiiiaaaaauuuuuu".

Okay, jetzt bin ich wach. Wir haben ca. 04:30 - 05:00 Uhr. Woher ich das so genau weiß? Weil wir die deutschesten, korinthenkackendsten Katzen der Welt haben. Pünktlichkeit und ein durchstrukturierter Tagesablauf sind für unsere Vierbeiner das Allerwichtigste. Denn davon hängt ab, wie oft sie am Tag beinahe verhungern und wann die beste Zeit ist, aufs Katzenklo zu gehen.

04:52 Uhr   Ich schaue auf den Wecker. Nö, ich steh erst um 05:10 Uhr auf. Die paar Minuten halten die Katzen sicher noch durch.

04:55 Uhr   Möhre hat als erste bemerkt, dass ich wach bin. Sie streckt sich und beginnt mit ihrem morgendlichen Warm-Up. Nachdem sie mit ihren sechzehn Jahren grazile vom Kratzbaum gesprungen ist, läuft sie miauend durch das Schlafzimmer – erst leise, dann steigt die Lautstärke immer weiter an.

Ich stelle mich schlafend.

04:58 Uhr Uff ... träume ich etwa erneut? Noch eine Kokosnuss? Ich öffne vorsichtig ein Auge. Zwei gelbe Augen nähern sich mir. Eine ausgestreckte Pfote trommelt im Sekundentakt auf meiner Nase rum. Ahhhhhh, die dicke Kokosnuss in meinem Traum war in Wirklichkeit unsere achtjährige Krümel. Hätte ich mir auch denken können. Ihre Weckversuche sind zwar niedlich und zum Teil atemraubend, aber nee, ich bleibe liegen. Ich drehe mich um, und Krümel rutscht langsam, aber laut meckernd, von meinem Bauch runter.

05:02 Uhr Auftritt Einstein, der Erstgeborene. Einstein startet mal wieder sein morgendliches Fitness-Programm und rennt im Sekundentakt über mich rüber. Für einen sechzehnjährigen Senior mit diversen Erkrankungen ist er erstaunlich fit. Ich schubse ihn runter und drehe mich wieder auf den Rücken. Einfach ignorieren, denke ich mir.

Der penetrante Rentner gibt aber so schnell nicht auf. Er blickt mir tief in die Augen, als wollte er fragen: „Na, willst du ein Spiel mit mir spielen?" Dann dreht sich Einstein um und langsam, ganz langsam, fast schon in Zeitlupe, senkt sich sein Hinterteil immer weiter Richtung mein Gesicht. Okay, jetzt reicht es. Ich habe einmal „Feiges Huhn" mit Einsteins Hinterteil gespielt. Seitdem weiß ich, dass Katzen definitiv nicht nachgeben. Für alle, die nicht wissen, was „Feiges Huhn" ist, empfehle ich den Film „Zurück in die Zukunft". Zwei Kontrahenten – eine Mutprobe – wer nachgibt, verliert und ist ... ein feiges Huhn. Übrigens die Lieblingsspeise von Einstein. Das kann kein Zufall sein.

Bevor ich also in den Genuss eines Po-Kusses auf meinem Gesicht komme, schlage ich die Bettdecke zurück. Zehn pelzige Beinpaare starten durch und rutschen auf dem Laminat hin und her. Ich versuche mir meinen Weg durch die Meute zu bahnen und lande diesmal sogar unfallfrei im Katzenzimmer.

Einstein hat die anderen erfolgreich abgehängt und ist zuerst da. Ungeschickt wie er ist, springt er auf die Arbeitsfläche und fegt mit seinem Hinterteil die Futterpötte laut polternd runter.

„Toll Einstein, wie soll ich denn das Futter verteilen, wenn du mit deinem knochigen Hinterteil hier sitzt", frage ich unseren Erstgeborenen und befördere ihn mit einer jahrelang einstudierten Hebefigur auf den neben mir stehenden Kratzbaum. Ja, dafür würde ich mir selbst 10 Punkte geben.

05:08 Uhr Einstein hat endlich akzeptiert, dass er auf dem Kratzbaum sein Futter bekommt. Gut, da bekommt er es seit Jahren schon, aber der Kater ist halt vergesslich geworden. Vielleicht ist er auch einfach nur stur.

Flummi wartet geduldig an der Futterstation und schaut mich voller Vorfreude an. Ich stelle den Pott vor sie hin. Sie schaut auf das Futter, dann auf mich, dann wieder auf das Futter. Der Gesichtsausdruck wechselt von Vorfreude zu leichter Überraschung und endet schließlich in maßloser Enttäuschung. „Das ist nicht das Futter, das ich suche", schreit es mir aus dem niedlichen Gesicht entgegen. Ich schaue meine Katze an: „Flummi, erstens bist du nicht Obi Wan, und zweitens *,du das immer sonst frisst'.*"

Möhre ist da deutlich pflegeleichter. Sie frisst nur eine Sorte Futter. Darüber bin ich zwar nicht glücklich, da dieses Zeug nicht hochwertig ist, aber den Kampf haben wir vor vielen Jahren ausgefochten. Und Möhre hat gewonnen. Punkt.

Leider finden auch die anderen Knödels dieses Fastfood-Zeugs richtig geil.

Mit zwei vollen Pötten betrete ich das Badezimmer, in dem Möhre und Krümel schon ungeduldig warten. Ja, richtig gelesen. Krümel ist irgendwann in die Junkfood-Abhängigkeit gerutscht. Jeder Versuch, sie daraus zu befreien und clean werden zu lassen, ist bislang gescheitert.

Ich beobachte unsere Katzen beim Fressen und stelle mal wieder fest, dass ich als Katzenmutter in Sachen Ernährung komplett versagt habe. Wenigstens fressen die beiden Grazien ihre Pötte immer leer.

Anders dagegen Meckerkopp Einstein. Nachdem er den halben Pott leer gefuttert hat, fällt ihm auf, dass ihm das ja gar nicht schmeckt. Mit einem halbwegs gekonnten Sprung vom Kratzbaum landet er neben Flummi und steckt seinen Dickkopf gleich mal in die Schüssel.

Mein Blick wandert hinüber zum Waschbecken. „Ich seh dich!", rufe ich unserem Möchtegern-Ninja Bam-Bam zu. Dumm ist er ja nicht. Weißer Katerbauch auf weißem Porzellan … haha, netter Versuch, aber da fall ich doch nicht drauf rein … also, nicht mehr … egal.

„Bam-Bam … raus aus dem Waschbecken, ich will mir die Zähne putzen. Außerdem seh ich dich ganz genau. Du hast schwarze Flecken auf dem Kopf. DU BIST NICHT UNSICHTBAR, und nun geh zu deinem eigenen Futter!" Anstatt wie verlangt aus dem Waschbecken zu springen, guckt mich Flummis Bruder herausfordernd an und startet eine lautstarke Diskussion. Dafür habe ich keine Zeit. Kurzerhand hebe ich den schweren 7,6-Kilo-Klotz aus dem Waschbecken.

05:21 Uhr Ich starte die alltägliche Purge. Keine Panik, ich meine nur die Säuberung der Katzenklos. Während die Katzen mit der Nahrungsaufnahme, Verdauung und anschließender Produktion des Endproduktes beschäftigt sind, schaufle ich ihre Hinterlassenschaften aus diversen Katzenklos in den Müll. Unsere Katzen denken bestimmt, das Klo sei Gott für mich, so oft, wie ich davor niederknie.

05:26 Uhr „Diese Klos sind gereinigt." In Gedanken bin ich schon unten in der Küche und gieße mir den ersten Kaffee des Tages ein. „Prrrrrrrr", ertönt es neben meinem Bein. Flummi schlängelt sich an mir vorbei und steuert geradewegs auf das frisch gereinigte Klo zu. Mit zusammengekniffenen Augen nimmt Madame Platz und donnert einen würzig duftenden Haufen in die Schüssel. Der Geruch treibt mir die Tränen in die Augen. Ich nehme die Schaufel in die Hand und warte auf meinen Einsatz. Und jetzt muss erst mal gelüftet werden.

05:31 Uhr Während ich darauf warte, dass der Wasserkocher seinen Dienst tut, maunzt Einstein mich auf dem Mülleimer sitzend an. „Gut, dass du mich daran erinnerst", sage ich zu ihm und schütte diverse Tabletten in meine Handfläche. Ohhhhhh, das war aber nicht das, was Einstein wollte. Gehofft hat er auf irgendwas Fressbares aus unserem Kühlschrank. Klammheimlich versucht er sich aus dem Staub zu machen, aber es ist zu spät. „Muuuhhaaahhhaa, hiergeblieben", rufe ich mit meinem fiesesten Endgegnerlachen. „Nicht lang schnacken, Kopp in'n Nacken", und schon sind die Tabletten verschwunden.

05:36 Uhr Kaffee. Noch zwanzig Minuten, dann muss ich los. Oben höre ich den Ehegatten schnarchen. Der hat es gut, der hat heute frei. Ein Lächeln huscht über mein Gesicht, als ich an meinen friedlich schlummernden Ehemann denke. Okay, warum schläft DER eigentlich noch? Warum wird DER eigentlich nie von den Katzen geweckt? Das Lächeln auf meinem Gesicht erstarrt, mein Mund verzieht sich zu einer schiefen Schnute und eine Augenbraue schießt in die Höhe – ich sehe aus wie eine Comicfigur. Die Antwort ist einfach: Ich bin der Dosenöffner – mein Ehegatte ist der Streichler. Das hat er ja geschickt eingefädelt.

Ich hebe die Kaffeetasse an und bemerke, wie mich zwei gelbe Augen anstarren. Krümel sitzt mal wieder vor mir auf dem Tisch und erwartet ... ja was eigentlich? Dass ich sie kraule? Dass ich sie knuddel? Das Problem ist, Krümel weiß ja selbst nicht, was sie möchte. Streichle ich sie, geht sie weg. Kraule ich sie, geht sie weg. Dann kommt sie wieder und stupst mich an. Nach drei Minuten hat Krümel aber keine Lust mehr und beendet das Spiel. Vielleicht meint sie aber auch, dass ich einfach zu blöd dafür bin.

06:05 Uhr Egal. Ich muss zur Arbeit. Also schnell noch alle Fenster schließen. Flummi ist da aber ganz anderer Meinung. Da sie in ihrem früheren Leben Bergsteigerin war, genießt sie auch heute noch die tolle Aussicht vom Fensterrahmen aus. Und das Kind ist stur. Wenn die nicht will, dann kommt die auch nicht runter. Da hilft nur eins – ich raschel mit der Leckerchendose, und Vielfraß Flummi ist die Aussicht plötzlich nicht mehr so wichtig. Ich schnapp mir meine Tasche und bestimme noch schnell Bam-Bam zum Katzenchef des Tages. Die anderen liegen schon alle in ihren Lieblingskörbchen und schlafen. Das war ja auch wieder ein anstrengender Morgen.

16:31 Uhr Nervös blicke ich auf meine Uhr. Ich steh noch immer im Stau. Oh oh, das wird Ärger geben.

16:58 Uhr Genau wie ich befürchtet habe. Ich bin zu spät. Schon als ich mit meinem Wagen in die Einfahrt fahre, sehe ich Möhre mit finsterem Blick am Fenster auf mich warten. Datt gibt Mecker. Wenn Möhre etwas nicht mag, dann ist es Unpünktlichkeit ... und Menschen ... und andere Tiere ... und überhaupt mag sie eigentlich gar nichts ... Steine sind okay.

Ich öffne die Haustür und werde von fünf ausgehungerten Tieren lautstark in Empfang genommen. Mein Ehegatte begrüßt mich mit den Worten: „Bis gerade eben haben die alle noch gepennt."

Ich atme langsam, aber deutlich hörbar aus, werfe Tasche und Schuhe in die Ecke und versuche dabei keine der Katzen zu treffen. Hey, hat diesmal sogar geklappt.

19:00 Uhr Geschafft. Die Katzen konnten kurz vorm Hungertod gerettet werden, die Klos sind sauber, und Einstein hat seine Tabletten genommen. Same procedure as every day.

Und das Beste? Das Essen ist fertig. Ich bin sehr glücklich, einen Mann gefunden zu haben, der so gut kochen kann. Meine Stärken liegen da eher woanders. Ich bin zum Beispiel sehr gut im Teller-leer-essen und auf dem Sofa beim Filmegucken einschlafen.

Müde und hungrig liege ich auf der Couch und warte, dass der Ehemann mir den Teller mit was Leckerem drauf rüberschiebt. Ja, eine gewisse Verhaltensähnlichkeit zu unseren Katzen ist nicht zu leugnen. „Miiiiaaaaauuuu", ertönt es links neben meinem Ohr. Einstein, pünktlich wie immer, sitzt neben mir und hofft, dass ich mein Essen mit ihm teile. Was ich esse, ist ihm dabei egal. Er schätzt die Kochkünste meines Mannes ebenso wie ich.

Während ich also in der einen Hand die Gabel halte, versuche ich mit der anderen Einsteins Kopf aus meinem Teller fernzuhalten und gleichzeitig ein normales Gespräch mit meinem Ehemann zu führen. Spoiler-Alarm – mindestens eins davon klappt meistens nicht

Ab 19:30 Uhr Kuschelzeit – der beste Teil des Tages. Ich liebe es. Während ich Bam-Bams Pocke kraule, lässt sich

Flummi ihren Schwabbelbauch von meinem Ehegatten streicheln. Zwischendurch wird gewechselt. Bam-Bam macht sich bei meinem Mann breit, während Einstein neben mir liegt und Flummi von meiner Schulter aus mit mir fernsieht. Krümel liegt wie immer mit etwas Abstand auf dem Couchtisch und der alte Grinch Möhre liegt im Kratzbaum. Das ist nah genug für sie. Mehr Nähe gibt sie nicht, und das ist auch vollkommen okay.

Ich liege auf dem Sofa und denke an die Zeit ohne Katzen zurück. Was haben wir doch für ein Lotterleben geführt. Dank unserer Tiere ist unser Alltag endlich strukturiert. Hier herrscht Zucht und Ordnung, Pünktlichkeit wird großgeschrieben und das nicht nur, weil es ein Hauptwort ist.

Morgen ist übrigens Wochenende – kein Grund, um in alte Verhaltensmuster zurückzufallen. Da achten unsere Katzen penibel drauf. Außerdem wird ausschlafen überbewertet.

Um mich herum schnurrt und raunt es, und langsam gleite ich in die Traumwelt hinüber. Alles wird leise. Ich liebe meine Familie – die Zweibeiner und Vierbeiner.

„Miiiiiaaaauuuu", ertönt es laut neben meinem Ohr, und etwas plumpst mir auf den Bauch. Uff … die Kokosnuss ist wieder da.

Bocholter Weihnachtsgeschichten

Natascha Kempers

 *Die folgenden kurzen Geschichten sind ein Rückblick auf das Jahr 2023, als die Natascha von der Katzenhilfe Bocholt e.V. damals im Dezember beschloss, auf Facebook bis Heiligabend nur noch schöne Berichte zu posten.*

Das Jahr war anstrengend genug, und wir fahren zurzeit auch gesundheitsbedingt etwas runter. Katze Grace wurde gesichert, das war gestern unsere schöne Weihnachtsgeschichte Nummer 1. Und die nächste folgt sogleich:

Nummer 2 - Bounty

Bounty wurde von mir im zarten Alter von etwa zehn Wochen im Industriepark Bocholt eingefangen und „Henry" getauft. Die nächsten zwei Jahre lebte er dann bei einer netten Bekannten von mir in Gelsenkirchen. Dort wurde er aber leider massiv unsauber und pinkelte alles an, das nicht nach Katzentoilette aussah.

Gesundheitlich wurde er total auf den Kopf gestellt, doch kein Problem zu finden! Schließlich musste ich meine Bekannte wirklich darauf drängen, Bounty, wie er nun hieß, wieder zurück in unsere Obhut zu geben. Denn die Situation war für alle untragbar, und der Kater stand, vermutlich bedingt durch seine nach ihm eingezogen Artgenossen, unter wahnsinnigem Stress.

In meinem Gehege fühlte sich dieser menschenbezogene Kater dann unter den „Draußenkatzen" aber auch nicht wirklich wohl, er wurde dort zum kleinen Tyrannen. Daraufhin bekam er „Einzelhaft mit Artgenossenausblick".

Dann kam die Rettung! Ein mir sofort sympathisches Paar aus Dinslaken suchte einen Einzelprinzen, und nun hat unser Bounty endlich SEINE Familie gefunden. Seit drei Wochen sind Menschen und Kater glücklich! Gepinkelt wurde schon bei mir nur noch im Klöchen, und daran hält er sich auch im neuen Zuhause.

Ich bin jeden Tag dankbar für diese Fügung und stehe mit den Adoptanten in engem Kontakt! Sie haben Bounty eine Chance gegeben und leben nun mit einem ganz tollen Schmusekater an ihrer Seite.

Nummer 3 – Hanni und Momo

Diese Weihnachtsgeschichte betrifft mich sehr persönlich. Denn es war meine Entscheidung und eine der glücklichsten meiner Tierschutzarbeit. (Oft genug trifft man leider auch falsche Entscheidungen.)

Hanni wurde von uns vor sieben Jahren in einem Bocholter Industriegebiet eingefangen und kastriert. Zusammen mit anderen Artgenossen hatte die verwilderte Katze dort eine Futterstelle bei einer älteren Anwohnerin. Im vergangenen Jahr wurde sie dann vom Tiernotruf Bocholt e.V. und einer beherzten Augenzeugin auf einer sehr stark befahrenen Straße gesichert und zum Tierarzt gebracht. Hanni war angefahren worden, und der Nottierarzt stellte ein Schädeltrauma fest.

Da alle von uns kastrierten Katzen gechippt und bei Tasso registriert werden, wurden wir informiert und sagten die

Übernahme der Tierarztkosten zu. Nach zwei Tagen stationärer Behandlung und über 400 Euro Tierarztrechnung konnte ich Hanni abholen und sollte sie zurück zu ihrer Futterstelle bringen. Als ich die Tierärztin fragte, ob es nicht ein bisschen früh sei, die Katze wieder freizulassen, meinte sie: „Nein, die ist total wild und nicht nett, lass sie raus. Du tust ihr keinen Gefallen, wenn du sie noch länger einsperrst."

Doch es stellte sich heraus, dass die ältere Dame mittlerweile dement war und gar nicht mehr wusste, dass sie Katzen gefüttert hatte. Und nun? Nach Absprache mit einer lieben Kollegin setzte ich Hanni kurzerhand in mein Gehege zu Klärchen! Dort lebte sie zufrieden und verliebte sich in meinen Freigänger Momo, der immer entlang ihrer „Gefängnisgitter" flanierte.

Seit Anfang diesen Jahres lebt sie mit ihm zusammen bei uns im Haus, schläft im Bett, erzählt mir jeden Tag ihre Erlebnisse und lässt sich sogar den süßen weißen Bauch streicheln! Nix wild, nix nicht nett! Sie ist der Beweis dafür, dass auch eine verwilderte Katze, die sechs Jahre ohne menschliche Zuwendung (außer Futter) gelebt hat, zahm werden kann!

Wir dürfen nie vergessen, dass alle Streuner von verwilderten Hauskatzen abstammen und wir Menschen für diese Tiere verantwortlich sind!

Nummer 4 – Alman

Im Mai erhielten wir einen Notruf von einem iranischen Mitbürger! Sein Kater Alman war aus dem Fenster gesprungen und spurlos verschwunden!

Okay! Der Name des Katers irritierte mich zugegeben erstmal etwas (*Anmerkung: Übersetzt heißt es „Deutscher"*). Aber es war halt ein deutsches Exemplar. Wir verteilten für Alman, entlaufen Nähe Bocholt-Stenern, Suchplakate!

Leider stand ausgerechnet jetzt für seinen Besitzer eine langersehnte Reise in seine Heimat an, und er war für einige Wochen im Ausland! Also übernahmen wir die Leitung der Suchaktion.

Ich weiß nicht, wie oft ich „Alman!" rufend durch die Gegend gelaufen bin und alle Anwohner kirre gemacht habe! Aber jetzt mal ehrlich: Ein weißer, dazu auch noch frisch geschorener Perserkater MUSS DOCH SOFORT AUFZUFINDEN SEIN!!!

Alman blieb verschwunden. Nach fünf Wochen, Almans Besitzer noch immer im Ausland, schickte mir eine befreundete Tierschützerin einen Link von Facebook: „Weißer Perser mit augenscheinlichem Fellverlust gesichtet in Dingden."

Definitiv unser iranischer Deutscher! Großes Aufgebot! Drohne mit Kamera in der Luft, sämtliche Helfer im Einsatz!

Alman still lost …

Dann, es war ein lauer, weingetränkter Freitagabend im Frühling, eine Nachricht mit Beweisfoto „Alman gesichtet auf dem Rückweg nach Bocholt!"

Unsere Rita fuhr sofort hin und stellte einfach so mal eine Falle ins Grüne! Auch wenn keiner mehr daran geglaubt hätte, Alman nutzte tatsächlich diese Möglichkeit und stieg nach wenigen Minuten ein. Der kleine Kater war sichtlich froh, sein Abenteuer beendet zu haben. Er wurde beim Tierarzt vorgestellt, der einige gesundheitliche Baustellen fand.

Alman blieb dann in unserer Obhut, bis sein Besitzer aus seiner Heimat zurückkehrte, bis dahin hatte der Kater sich prima erholt und war fit.

Nummer 5 – Sasha

Anfang des Jahres, es war kalt und ungemütlich, verschaffte sich dieser kleine Kater Zutritt zu einem Mehrfamilienhaus und nistete sich auf dem Dachboden ein. Er war zahm, leider nicht gekennzeichnet, und keiner in der Nachbarschaft kannte ihn. Da ihn leider in dem Haus niemand aufnehmen wollte, zog er zu Antje in die Pflegestelle. Er bekam den Namen Sasha.

Mit den anderen Katzen im Haus wollte es nicht so recht klappen, deshalb suchten wir für ihn ein Zuhause als Einzelprinz.

Im Sommer erhielten wir dann den Anruf einer Interessentin auf unserer Mailbox und freuten uns schon, bis wir erkannten, dass diese Dame 400 km weit weg wohnte!

Am nächsten Tag rief ich sie an und fragte, ob sie sich bewusst sei, wie viele Kilometer zwischen uns lägen. Sie sagte, das wäre ihr auch erst im Nachhinein klar geworden, und sie habe nicht damit gerechnet, dass wir zurückrufen und wahrscheinlich eh meinten, sie „hätte einen an der Klatsche".

Wir waren uns sofort sympathisch. Es passte einfach! Das perfekte Zuhause für unseren schönen Katermann! Und noch besser: Dank „Tiertaxi" Antje konnte Sasha bald in sein neues Zuhause umziehen. Unsere Mitstreiterin Antje kam auf dem Weg zu ihren Eltern nämlich zufällig an dem kleinen Örtchen (so gut wie) vorbei und lieferte Sasha frei Haus und Körbchen.

Mittlerweile ist Sasha dort Freigänger und natürlich der King im Haus. Wir sind alle sehr glücklich über diese schöne Fügung.

Nummer 6 – Scotty

Anfang des Jahres wurden wir in einer Bauernschaft auf eine stark taumelnde Katze aufmerksam, die sich kaum auf den Beinen halten konnte. Die Hofeigentümerin wollte ihn eigentlich schon einschläfern lassen, doch wider Erwarten kooperierte sie doch mit uns und brachte den kleinen Kater zu unserer Tierärztin.

An Einschläfern war nicht zu denken, denn der kleine Kater schien unverletzt. Verdacht: Ataxie. Wodurch? Keine Ahnung. Wir fanden eine Pflegestelle für Scotty.

Zu weiteren Untersuchungen wurde er in eine Klinik gebracht. Leider speiste man uns dort mit einer Blutuntersuchung ab und dem Rat zur Euthanasie. Doch Scottys Blut war in Ordnung! Er hatte keine Schmerzen, war lebensfroh und der liebenswerteste Drops, den ich je kennengelernt habe. Er spielte, kuschelte, fraß selbständig und robbte munter durch die Gegend.

Natürlich verliebte sich die komplette Pflegestellen-Familie in den Kleinen, und Scotty wurde festes Familienmitglied.

Im Sommer war er einige Tage bei uns in den Ferien und darf uns nun jedes Jahr wieder besuchen, denn auch mein Mann schloss den kleinen Clown direkt ins Herz.

Scotty geht es super. Er bekommt die beste Pflege, die man sich vorstellen kann. Physiotherapie, Schwimmstunden, Scotty macht alles neugierig und souverän mit. Er hat einen

eigenen Hund, einen etwas durchgeknallten neuen Katzen-
kumpel und zwei ältere Felldiven zur Gesellschaft und
scheint rundum glücklich. Wir hoffen, dass er noch lange so
weiterleben kann.

Wir lassen kein Tier unnötig leiden! Jeder, der Scotty ken-
nenlernt, kann erkennen, dass sein Leben für ihn lebenswert
ist, auch wenn er nicht richtig laufen kann.

Sechs Weihnachtsgeschichten, einige Schicksale von un-
zähligen. So und ähnlich verlaufen viele unserer Aktionen.
Und wenn es auch nicht immer fröhlich ausgeht, bestätigen
uns solche Erfolge doch, dass wir das Richtige tun. Darum
machen wir weiter unsere „Arbeit für die Katz".

Die wilde Petra

Gisela Maaß-Weber

Manche Tage sind so gut geplant, und dann kommt das wirkliche Leben. So war es auch an diesem Samstag im August. Los sollte es gehen, um alles zu erledigen, aber mein Auto machte komische Geräusche und fuhr nicht so wirklich. Ich rollte stotternd die Auffahrt runter – zum Glück wohne ich in einem Dorf, da stört das keinen. Eine Planänderung musste her. Die hieß: Ab zur Werkstatt, die zum Glück nur 500 Meter entfernt war.

Also fuhr ich die Straße Richtung Dorf und nicht in die andere Richtung. Leider kam ich nur wenige Meter weit, dann streikte alles, und ich musste halten.

Während ich neben meinem Auto stand und mit der Werkstatt telefonierte, die mich abschleppen sollte, kam mir eine Nachbarin entgegen. Sie hielt ein kleines Katzenkind auf dem Arm, noch ein richtiges Baby. Als ich das Telefonat beendet hatte, drückte sie mir die Katze in die Hand und sagte: „So, jetzt hast du eine Katze."

Wohl noch in leichtem Zustand der Verwirrung brachte ich die Katze schnell in meine Wohnung, steckte sie in eine Transportbox, stellte etwas Futter hinein und ging zu meinem Auto zurück.

Da standen schon die netten Herren, um mich und mein Auto abzuschleppen. Schnell war alles geregelt, dann hatte ich einen Leihwagen und wollte endlich meine Einkäufe erledigen. Während der Fahrt dachte ich darüber nach, dass es eigentlich doch ganz schlecht sein könnte, so einer jungen und vielleicht ausgekühlten Katze Futter hinzustellen.

Also: Wieder eine Planänderung. Ich kehrte nach Hause zurück, packte das Kätzchen ein und fuhr mit ihm zum Tierarzt. Dort angekommen, krabbelte das selbstbewusste Mädchen aus der Box, sah sich alles an und ließ sich die leckere Paste schmecken.

Die Kleine wurde auf acht Wochen geschätzt. Eigentlich sollte sie bei ihrer Mama sein, aber wo war die? Die nette Ärztin gab ihr kostenlos eine Infusion und eine Augensalbe, und ich schob dann wieder ab. Zuhause richtete ich ihr erst mal einen Platz in der Küche ein. Denn ich habe ja noch zwei weitere nette Katzendamen, aber wie die auf so eine kleine Streunerin reagieren würden, wollte ich nicht sofort ausprobieren.

Um es gleich zu verraten, Begeisterung sieht definitiv anders aus.

Ich gab dem kleinen Katzenmädchen Futter und in der Folge drei Mal am Tag Augensalbe. Die ersten Tage ging das deutlich einfacher. Irgendwann regte sich Widerstand. Aber „wat mut dat mut", wie wir das hier so auf dem Land sagen.

Bald sprach ich Nachbarn an und schaute in Gärten, ob ich nicht doch noch die Mama und eventuell ein Geschwisterchen finden konnte. Aber keiner wusste was, und ich habe auch nichts gesehen. Das fand ich sehr traurig.

Zur gleichen Zeit, bestimmt schon seit wenigsten zwei Monaten, fütterte ich eine Katze durch, die war echt mager. Ein kleines, aber erwachsenes Tier. Ich kann gar nicht sagen, ob sie alt oder jung war.

Dieser Katze öffnete ich so viele Dosen und konnte mir nicht erklären, wo sie das ganze Futter ließ. Sie hatte eine ganz süße und besonders rote Nase, und zwar tatsächlich so wie die meines kleinen Katzenmädchens. Die Kleine habe ich zwischenzeitlich auf Petra getauft.

Um zu schauen, ob das vielleicht die Mama war, habe ich ihr die liebe Petra mal vor die Nase gehalten. Sie hat fürchterlich gefaucht. Also war sie wohl nicht die Mama.

Eine Woche drauf kam ich von der Arbeit nach Hause und hatte Stress. Mein Telefon bimmelte ununterbrochen, Nachrichten trudelten ein, und während ich meine Einkäufe in die Wohnung schleppte, telefonierte ich und war wohl auch nicht besonders aufmerksam. Auf einmal sah ich meine Katze Petra draußen herumlaufen. Ich hinter ihr her – dabei muss man wissen, dass ich hier am Ortsrand wohne, mit vielen Bäumen drumherum und einem Bach. Wirklich sehr idyllisch, aber auch alles sehr wild.

Leider fand ich sie nicht. Irgendwann dachte ich, jetzt gehst du einfach rein, und vielleicht kommt sie ja zurück, wenn sie Hunger hat, zum Glück ist sie ja auch schon gechippt und registriert. Als ich reinging, sprang mir plötzlich mein Kätzchen entgegen. Hach, war ich stolz, die Kleine wusste schon, wo sie hingehörte.

Am nächsten Morgen wollte ich wie immer meine Streuner versorgen, und wie gewohnt erschien auch die ausgehungerte Katze, doch heute in Begleitung! Und zwar von einem superniedlichen Wollpüschel, der genauso aussah wie meine Petra. Tja – Mutti, so nenn ich die Katze, hatte wohl mitgekriegt, dass ich ihr Kind hatte und dass es bei mir ordentlich was zu futtern gab. Sie stand auf einmal da und hat das puschelige Kätzchen auch an den Napf gelassen.

Was haben wir uns gefreut, dass sie nun gefunden sind, die Mama und das Geschwisterchen. Ich habe ihnen erst mal ein schönes Plätzchen vor meinem Fenster (ich wohne in einer Souterrainwohnung) eingerichtet. Da ist es schön regengeschützt, und ich habe einen guten Blick drauf.

Nun denn, jetzt wartet die Falle, um Mutti und das Brüderchen – ich glaube da was gesehen zu haben – in eine sorglosere Zukunft zu bringen. Mutti darf bleiben, sie kriegt von mir im Garten eine schöne Katzenschutzhütte hingestellt und wird hoffentlich bald kastriert viel leichter leben können. Und für den kleinen Fratz, noch heißt er Peter, finden wir bestimmt auch bald einen schönen Platz.

Petra wohnt jetzt mit den anderen Katzendamen Mathilde und Donna in meiner Wohnung. Und so wie die drauf ist, wird sie bald der Chef sein.

Sie wirbelt den Tag meiner Katzendamen ordentlich auf, aber auch meinen. Mal eben ein kleines Nickerchen halten, das geht nicht. Und ich wusste auch nicht, dass so ein ordentlicher Happs in den dicken Onkel einen dermaßen auf Trab bringen kann.

Zufriedene Katzen um mich her. So kann's weitergehen.

Beim Tierarzt

Marita Pollex

Hallo, ich bin die Micky, ein Perserkatzenmädchen mit wunderbar flauschigem Fell – cremefarben übrigens, falls das jemand wissen möchte. Neulich habe ich etwas erlebt, das ich euch unbedingt erzählen muss.

Mein Frauchen war mit mir routinemäßig zum Impfen in der Tierklinik. Während sie das ganz entspannend fand und sich im Wartebereich mit anderen Tierbesitzern unterhielt, gefiel es mir nicht so gut, in der Transportbox warten zu müssen. Das habe ich ihr auch versucht mitzuteilen, aber sie ging auf mein vorwurfsvolles Maunzen nicht ein.

Dann passierte etwas Interessantes: Ein Krankenwagen mit Blaulicht fuhr vor.

Sanitäter in rotweißen Anzügen kamen im Laufschritt zur Rezeption und meldeten ein krankes oder verletztes Tier an. Ihnen folgte die weinende Patientenbesitzerin, eine ältere Dame, sie gab ihre Personalien an und berichtete, was ihrem Tier zugestoßen war.

Obwohl meine Ohren scharf wie die eines Luchses sind, saß ich in meiner Box zu weit entfernt, um das Gespräch verfolgen zu können. Aber ich sah, dass alles sehr hektisch und aufgeregt zuging. Außerdem konnte ich von unserem Sitzplatz aus durch ein Fenster sowohl die Rezeption als auch das Geschehen draußen beobachten.

Nun kam Bewegung in die Sache. Klinikmitarbeiter liefen mit den Sanitätern zum Krankenwagen. Dann wurde eine fahrbare Trage aus dem Auto geholt, auf der selbst ein Mensch genug Platz gehabt hätte.

Inmitten von Decken und Kissen sah ich einen Chihuahua sitzen, er wirkte ziemlich verloren.

Frauchen sah ihn offenbar auch, denn sie klopfte leicht auf meine Box und sagte: „Schau mal, Micky – da ist bestimmt ein großer Hund angefahren oder verletzt worden, und dieser kleine Hund ist wohl sein bester Kumpel, der ihn begleitet und Trost spendet."

Sie wirkte sehr gerührt, und ich muss zugeben, auch ich war beeindruckt von der Empathie des kleinen Hundes. Den großen Hund konnte ich leider nicht sehen. Es lagen so viele Decken und Kissen auf der Bahre, dass nur der Chihuahua zu erkennen war.

Es brauchte einen Moment, bis endlich der richtige Raum gefunden war, dann verließen die Sanitäter mit der nun leeren rollenden Trage die Klinik und fuhren ab. Den großen Hund hatte ich immer noch nicht gesehen, hoffte aber, dass es ihm gut ging. Da mache ich keine Unterschiede.

Die Unruhe ging weiter. Nach einiger Zeit liefen die Klinikmitarbeiter mit dem kleinen Hund auf dem Arm von Raum zu Raum. Es sah dramatisch aus, und ich dachte immer noch an den großen Hund, der hoffentlich gut verarztet wurde.

Irgendwann erschien die ältere Dame, die Patientenbesitzerin. Sie hatte sich soweit beruhigt, dass sie sich zu uns ins Wartezimmer setzte. Und es stellte sich heraus, dass es gar keinen großen Hund gab.

Ihr Chihuahua hatte sich aus seinem Halsband befreit und war vor ein Auto gelaufen. In der ersten Schrecksekunde hatte die Dame sofort die Tierrettung angerufen, die daraufhin mit dem Krankenwagen angerückt kam.

Auf die simple Idee, ihren Zwergenhund einfach in eine Decke zu packen und ein Taxi zur Tierklinik zu nehmen, war sie in ihrer Verwirrung gar nicht gekommen.

Es stellte sich heraus, dass der kleine Hund unverletzt war, sein Frauchen wird sich bestimmt bald von dem Schreck erholen. Sie sagte, sie würde dem Kleinen ein neues Geschirr spendieren, damit er sich nicht noch einmal aus dem Halsband winden könne.

Dann – endlich – waren wir dran. Ich wurde untersucht und geimpft, alles bestens. Frauchen und ich konnten uns vergnügt auf den Heimweg machen. Unterwegs erzählte sie mir, dass sie sehr froh sei, mit mir solche Schrecken nicht erleben zu müssen.

Das stimmt. Wir Perserkatzen haben ein ganz anderes, vor allem viel cooleres Naturell als Chihuahuas.

Ende gut, alles gut.

Rusty, die pelzige Abrissbirne

Christina Pollok und Paul M. Hermann

Eigentlich war es ein trauriger Anlass, der uns im Oktober 2014 ins Tierheim Recklinghausen führte. Unser Kater Ben, ein hellbrauner Norweger-Mix, hatte sich nach kurzer schwerer Krankheit – geplatzter Milztumor – in Richtung Regenbogenland verabschiedet. Gerade einmal neun Jahre waren dem Ärmsten auf Erden gewährt worden. Seine Vorbesitzer hatten ihn gemeinsam mit seinem Freund Eddy, einem schwarzweißen EKH, in einer leergeräumten Wohnung zurückgelassen. Das Hagener „Tierheim am Kratzkopf", eine erbarmungswürdige Bruchbude, wurde zu ihrem Zuhause, bevor die beiden bei uns landeten.

Die vier Jahre, die Ben mit uns verbringen durfte, vergingen viel zu schnell. Er hinterließ nicht nur einen ramponierten Kratzbaum, sondern auch große Löcher in unseren Herzen und natürlich seinen besten Freund Eddy, der sichtlich um Ben trauerte.

Uns beiden war klar, dass unser schwarzweißes Schlauköpfchen einen neuen Spielgefährten brauchte. Wir waren uns jedoch sofort einig, dass ein Besuch bei einem Züchter nicht in Frage kam. Das Tierheim war daher alternativlos.

Wir durchforsteten das Internet und stießen so auf einen fünfjährigen Maine-Coon-Kater, der nach dem Tod seines Frauchens zum Tierheiminsassen geworden war. Am Telefon sagte man uns, dass er einer von der ganz sanften Sorte sei, sich mit anderen Katzen gut vertrage und eher zurückhaltend sei. Ab ins Auto und nach Recklinghausen.

„Hallo, wir würden gern den Flash Gordon kennenlernen."

Das Grinsen auf dem Gesicht des Mitarbeiters verriet, was wir uns schon gedacht hatten. Der Name, den er von der Vorbesitzerin bekommen hatte, passte zu ihm wie Erdbeermarmelade zu Gyros.

„Gehen Sie mal da durch", erklang die Antwort.

Wir schauten uns verwirrt an. „Äh, wollen Sie uns den Flash nicht zeigen?"

Das Grinsen auf dem Gesicht des Mitarbeiters wurde noch breiter. „Den können Sie nicht verfehlen."

Wir gingen an einer Reihe verglaster Türen vorbei, bis uns beiden schließlich der Atem stockte. Da saß er. Ein weiß-roter Maine-Coon, der gerade mit seiner Fellpflege beschäftigt war.

Dass Coonies größer sind als andere Hauskatzen, wussten wir. Doch der Riese, der uns mit seinen gelben Augen musterte, übertraf alles, was wir jemals erwartet hätten.

„Er wiegt 13,7 kg, ist aber lieb wie ein kleines Lamm", sagte plötzlich eine andere Mitarbeiterin des Tierheims, die unsere Blicke bemerkt hatte und die Tür aufschloss, durch die wir zu ihm gelangten.

Wir verbrachten eine Stunde mit dem Riesenteddybären und waren uns sofort einig, dass er Eddys neuer Kumpel wird ... und am Tag seines Einzugs den Namen Rusty erhalten sollte. Auf den Namen Flash Gordon reagierte er eh nicht.

Eigentlich war es im Tierheim Recklinghausen so üblich, dass ein Tier erst nach dem dritten Kennenlern-Besuch übergeben wird. Schließlich sollte die Chemie zwischen Mensch und Tier stimmen. Doch schon nach unserer zweiten Stunde mit Rusty war man im Tierheim überzeugt, und er durfte mit uns kommen.

Zu Hause empfing uns ein erwartungsvoll maunzender Eddy, der jedoch sichtbar irritiert zurückwich, als Rusty aus der Transportbox kam.

„Uff, der Hulk", konnte man in seinen Augen lesen.

Rusty schaute Eddy einen kurzen Augenblick an, bevor er sich ein Versteck suchte. Alles war neu und fremd für ihn. Doch nach einigen Tagen schaute plötzlich ein weißer Katzenkopf über den Wohnzimmertisch. Unser neuer Mitbewohner hatte sein Versteckspiel aufgegeben und erkundete zum ersten Mal unsere Wohnung bei Tageslicht. Unser schwarzweißer Eddy trottete neben ihm her, als wäre er ein Fremdenführer. Die beiden freundeten sich schnell an und trieben ihren Schabernack, wobei es so schien, als würde Eddy seinen neuen Freund dazu anstiften. Hinzu kam, dass Rusty sich gern als „pelzige Abrissbirne" betätigte. Jede Fliege, die sich in unser Wohnzimmer verirrte, weckte seinen Jagdinstinkt. Unser weiß-roter Coonie machte keine Gefangenen und nahm auf Kollateralschäden keine Rücksicht.

„Und Sie sind sicher, dass dem Wuppertaler Zoo kein Löwenbaby fehlt?", fragte unser Tierarzt, als wir Rusty einmal für einen kleinen Gesundheitscheck zu ihm brachten.

Eddys Trauer um Ben war bald vergangen. Das Leben mit seinem neuen Gefährten schien ihm zu gefallen.

Es dauerte jedoch nur zwei Jahre, dann folgte unser schwarzweißer Stubentiger seinem alten Freund Ben hinüber ins Regenbogenland, da seine Nieren versagten. Auch er hatte nur neun Jahre auf unserer Welt verbringen dürfen. Run free, Ben und Eddy!

Inzwischen ist Rusty beinahe siebzehn Jahre alt. Nicht mehr so flink wie früher, aber immer noch der liebenswerte Teddybär, den wir vor zehn Jahren aus dem Tierheim Recklinghausen geholt haben. Verwöhnt und verzogen, wie es sich für eine Katze gehört. Mit seinen Spielgefährtinnen Mäuschen (Perser) und Maya (BKH) sorgt er für Leben in unserer Bude. Und das, hoffentlich, noch sehr lange.

Ein Katzenwiderwort der besonderen Art

Susanne Reijnen

Wir waren gerade in ein Häuschen gezogen, das direkt neben einem Pferdehof lag. Dort gab es naturgemäß auch Katzen. Als wir eines Tages nach Hause kamen, lag auf unserer Fußmatte eine schwarze Katze, die uns erwartungsvoll ansah. Mein Mann ist ein wirklicher Katzenfan und begann gleich mit ihr zu schmusen, was sie sehr genoss. Sie war ein kleines Exemplar ihrer Gattung, aber wohl doch schon ausgewachsen. Nach einer Weile öffnete ich die Tür, und Theo sagte zu ihr: „Na, dann komm mal rein." Ich glaube ja, es hätte diese Aufforderung gar nicht gebraucht, sie wäre so oder so mit uns reingegangen, aber sie folgte dieser Einladung. Sie schlenderte durch alle Räume und sah sich eingehend um. Anscheinend befand sie für gut genug, was sie sah und erwählte uns zu ihren neuen Bediensteten. Denn, wie jeder weiß: Katzen haben Personal! Theo taufte sie Strolchi, nach einer geliebten schwarzen Katze aus seiner Kindheit.

Wir fühlten uns ziemlich wohl miteinander und lernten natürlich auch auf ihre Eigenheiten zu achten. Sehr bald bekam ich heraus, dass sie, wie viele Katzenarten, Curry schätzte. Sie klaute mir nämlich beim ersten gemeinsamen Grillen ein Hähnchenschnitzel vom Teller. Danach war klar, Strolchi bekam immer als letztes ein Extrastück Geflügel, mit etwas Curry gewürzt.

Eines Tages hatten wir Freunde zum Grillen eingeladen. Manchmal denkt man ja, bestimmte Fleischstücke haben die Gäste nicht ganz so gerne, aber genau das ist dann doch nicht der Fall. Hier war es, wie konnte es auch anders sein, das Geflügelfleisch mit dem asiatischen Einschlag. Und natürlich hatte ich diesmal das „Katzenstück" nicht vorgesehen, man will ja ungern von Nicht-Tierkennern als etwas bekloppt angesehen werden.

Nun hatte sich unser Freund Klaus das letzte Putenschnitzel genommen, und unsere Strolchi war der Ansicht, dass das ja nun ihr Stück war. Sie saß unter dem Tisch und gab ein ziemlich herrisches Miau von sich. Klaus reagierte nicht, also wurde das Miau noch fordernder und auch lauter. Jetzt war er doch irritiert, schaute unter den Tisch und sah direkt in zwei kugelrunde Katzenaugen. Wieder erklang ein energisches Miau.

Klaus sah mich nun ratlos an. Ich saß ihm gegenüber und konnte mir das Grinsen nicht verkneifen. „Was will sie denn?" fragte er.

„Du isst gerade ihr Steak", lachte ich. „Gib ihr einfach ein Stück, und du hast fortan eine Katzenfreundin fürs Leben."

„Pff, die soll sich 'ne Maus fangen", gab er zur Antwort und aß ungerührt das ganze schöne Putenstück alleine auf.

Als ich unter den Tisch sah, wandte Strolchi sich zu mir um, und ich blickte in ein ziemlich knatschiges Katzengesicht. Gleich darauf sah ich Strolchi mit hocherhobenem Schwanz davonstolzieren, und ihre ganze Haltung drückte aus: Wartet's nur ab.

Ein paar Minuten später kam sie zurück. Klaus saß mit dem Rücken zu ihr und konnte nicht sehen, was ich sah. Strolchi hatte eine Maus quer im Maul und marschierte zurück an ihren Platz unter dem Tisch, vor Klaus' Füßen. Es herrschte so etwas wie die gemütliche Ruhe nach einem leckeren Essen, und man überlegte gerade, wie es mit dem Abend weitergehen sollte. In diese Stille hinein war ein deutliches krk-krk-krk zu vernehmen.

Wieder schaute Klaus mich irritiert an. Ich wies nur nach unten. Er folgte meinem Fingerzeig, und dann konnte ich ein echtes Schauspiel erleben. So schnell habe ich selten jemanden die Gesichtsfarbe wechseln sehen. Unser Klaus, obwohl ein Zwei-Meter-Kerl wie ein Baum, war etwas empfindlich, stellte ich fest. Denn als er sah, wie unsere süße kleine Strolchi eine Maus direkt zwischen seinen Füßen katzengerecht zerteilte, wurde er erst blass und dann etwas grünlich im Gesicht. Schnell stand ich auf und holte einen Kräuterlikör, der ihm auch rasch wieder zu einer normalen Gesichtsfarbe verhalf.

„Was war das denn?" fragte er.

„Nun ja, sie hat dich halt beim Wort genommen."

Drum merke: Wenn Katzen etwas wollen und nicht bekommen, wird umgehend Rache genommen.

Ich verstehe gar nicht, warum Menschen sich immer so aufregen, wenn unsereins mal mit einer Maus ankommt. Was auf Menschentellern landet, hat meist auch vor kurzem noch gelebt. Und stellen wir uns dann so an? Na bitte!

Liebe geht durch den Magen

Susanne Reijnen

Als mein Mann Theo und ich vor vielen Jahren weg vom lebhaften Duisburg an den Niederrhein aufs Land zogen, dauerte es nicht lange, und eine schwarze Katze adoptierte uns als ihre neuen Dosenöffner. Wir nannten sie Strolchi, und erstaunlicherweise hat sie auf diesen Namen auch sofort reagiert.

Wir verlebten einen schönen ersten Sommer zusammen. Tagsüber rollte Strolchi sich wahlweise auf einem Sessel oder dem Sofa zusammen und ließ sich von uns mit Streicheleinheiten und Futter versorgen. Mit Einsetzen der Dämmerung zog es sie, ganz nach Katzenart, nach draußen. Morgens, wenn ich nach dem Aufstehen die Rollläden hochzog, stand sie wieder vor der Terrassentür. Manchmal hatte sie dann eine Maus dabei, wohl als Tauschmittel gegen das von mir zum Frühstück kredenzte Feuchtfutter.

Zum Winter hin drehte unsere Katzenfreundin allmählich ihren Tagesablauf um. Jetzt hielt sie sich tagsüber draußen auf und blieb abends gemütlich mit uns auf der Couch.

An einem dieser Winterabende sollte es bei uns Frikadellen zum Abendessen geben, die ich, wie immer und schon öfter von Strolchi begleitet, im Backofen zubereitete. Da sie mir beim Essenmachen bis dato immer nur interessiert zugeschaut, aber nie den Versuch gemacht hatte, etwas zu mausen, machte ich mir keine Gedanken, als ich das Backblech mit den fertigen Hackbällchen aus dem Ofen zog. Daher war ich völlig perplex, als plötzlich eine schwarze Pfote vorschoss, um mit den Krallen eine Frikadelle vom Blech zu ziehen. Dann schlug Strolchi ihre Zähne in den Fleischballen, und mit der Beute im Maul verschwand sie in Richtung Esszimmer.

121

Glücklicherweise hatte ich das Blech vor lauter Schreck nicht fallen gelassen. Schnell stellte ich es ab und sauste der Diebin hinterher. Weit musste ich nicht laufen, direkt hinter der Küchentür sah ich noch, wie sie den Klops fallen ließ und sich flott davon machte.

Theo hatte das Geschehen vom Wohnzimmer aus mitbekommen, und einen kleinen Moment waren wir beide sprachlos ob dieses dreisten Mundraubes. Doch dann hatten wir den gleichen Gedanken und mussten laut lachen. Aus der schnellen Freigabe der Beute schlossen wir, dass sie ihr im Maul zu heiß geworden war, und wir boten Strolchi kaltes Wasser zu trinken an. Sie schien wegen unseres Lachens ziemlich beleidigt zu sein. Zwar schlabberte sie etwas Wasser, verzog sich dann jedoch in ein anderes Zimmer.

Am nächsten Morgen war wieder alles in Ordnung. Anscheinend war Strolchi das Erlebte aber eine nachdrückliche Lehre, denn sie hat nie wieder versucht etwas zu mopsen. Viel lieber ließ sie sich von uns mit Leckerchen verwöhnen, die sie mit eindeutigem Verhalten einforderte.

So zog der Winter ein, und Weihnachten nahte. Einer unserer Weihnachtstraditionen folgend bauten wir auch im neuen Zuhause unsere Carrerabahn im Wohnzimmer auf. Als die ersten Autos lossausten, schaute unsere Strolchi erschrocken vom Sofa auf und sauste dann aus dem Zimmer. Neugierig war sie aber wohl doch, und so kam sie zurück und näherte sich ganz langsam der Bahn.

Die mit Licht fahrenden Autos schienen sie doch zu reizen, es könnten ja potenzielle Jagdobjekte sein. Trotzdem blieb sie vorsichtig. Sie positionierte sich in einer Kurve, dort wurden die Autos etwas langsamer und kamen, wenn sie an ihrer Nase vorbeifuhren, in Pfotenreichweite.

Nachdem Strolchi den Vorgang einige Runden lang aufmerksam beobachtet hatte, schoss plötzlich eine Pfote vor und landete auf dem Dach eines der Autos, das dadurch stehen blieb. Beim ersten Mal hatte sie sich wohl erschreckt und darum ihre „Beute" sofort wieder freigelassen. In der nächsten Runde wiederholte sich das Schauspiel, und die Pfote hielt das Auto einen Moment fest.

Mein Mann und ich hatten Spaß daran und ließen die kleinen Flitzer absichtlich langsamer um die Katzenkurve fahren. Unsere Strolchi erhob ihren ersten Versuch zum System, sie hielt regelmäßig die Autos an, ließ sie wieder los und schaute hinterher. Aus der Bahn gehauen hat sie erstaunlicherweise keins davon. Das Summen der Autos unter ihrer Pfote hat ihr wohl mehr Vergnügen bereitet. Vielleicht hatte es etwas von Schnurren für sie, wer weiß.

So zog der Winter mit vielen schönen Katzenspielen, Schmuseeinheiten und Lachen vorbei. Im Frühjahr wurde unsere mittlerweile sehr liebgewonnene Hausgenossin unruhig. Es zog sie wieder nach draußen, vermehrt auch wieder nachts.

Dann stand das Osterfest vor der Tür, und es versprach mit milden Temperaturen sehr schön zu werden. Als ich frohgemut am Karfreitagmorgen das Rollo der Terrassentür hochzog, sah ich draußen auf der Fußmatte etwas liegen. *Oh,* dachte ich noch, *die erste erbeutete Frühjahrsmaus,* und öffnete die Tür, um das Geschenk zu entsorgen.

Als ich mich bückte, stand auch schon mein Mann hinter mir und meinte: „Oh, ist das unser Osterhase von Strolchi?" Und tatsächlich, es war gar keine Maus, sondern ein kleines Kaninchen. Mit einem bedauernden Seufzer schaffte ich auch dieses bemitleidete Geschöpf von unserer Fußmatte, gerade in dem Moment, als Strolchi um die Hausecke auf die Terrasse geschlendert kam. Sie erkannte, was ich tat und kommentierte den Vorgang mit einem empörten Miau. Daraufhin bedankten wir uns ausführlich mit Streicheleinheiten und Leckerchen im Austausch für das nette Ostergeschenk.

Strolchi war wohl der Ansicht, dass wir nach dem langen Winter, in dem wir sie so gut versorgt hatten, auch etwas Ordentliches auf die Teller kriegen sollten. Und trotz des Entsorgungsvorganges fasste sie es so auf, dass wir ihr Geschenk auch gerne angenommen hätten. Denn von da an bekamen wir tatsächlich jedes Jahr, pünktlich an Karfreitag, unseren „Osterbraten", der von mir allerdings nie in die Röhre geschoben wurde.

Gismo

Angelika Ringpfeil

Nach einer langen Phase ohne Katze entschlossen wir uns im letzten November, wieder eine neue Samtpfote ins Haus zu holen. Einerseits war es in den Urlauben zwar bequemer so gewesen, da sich niemand um einen Zuhausebleiber kümmern musste. Aber mir fehlte doch ein Vierbeiner, den ich umsorgen konnte, für den ich da sein und dem ich ein neues Zuhause bieten konnte.

So machte ich mich auf die Suche und durchforstete die Vermittlungsseiten der umliegenden Tierschutzorganisationen. Auf einer davon fand ich meine Traumkatze und wurde bitter enttäuscht, als ich erfuhr, dass diese Katze bereits vermittelt worden war. Man lud mich jedoch ein, ihrem Haus mit vielen anderen Seelchen ohne Heimat einen Besuch abzustatten. Gesagt, getan.

So viele Katzen jeden Alters... manche scheu, manche draufgängerisch, aber alle liebenswürdig. Am liebsten hätte ich alle mitnehmen wollen. Doch da wir langfristig planten, die Katze auch mal übers Wochenende mit ins Wohnmobil zu nehmen, hielten wir eher Ausschau nach einem jüngeren Tier.

Ich überlegte, mich von einer Katze aussuchen zu lassen, und im letzten Zimmer war es dann soweit. Ein sehr dominanter Kater (die anderen beiden Insassen blieben im Hintergrund) nahm sofort auf meinem Schoß Platz. Während mein Gatte die anderen beiden Katzen mit mitgebrachten Leckerchen verwöhnte, schloss ich den Kater direkt in mein Herz. Er schmuste sofort und rieb sein Köpfchen an mir. Wahrscheinlich wollte er so schnell wie möglich hier raus.

Doch es gab einen Nachteil: Dieser Kater sollte nach Eingewöhnung ein Freigänger werden. Da jedoch mein vorheriger Kater nach dem Umzug in die jetzt bewohnte Wohnung leider nach fünf Monaten Freigang verschwunden und keine Spur von ihm zu finden war, kam das für mich nicht mehr in Frage.

Die Qual der Wahl ... heute trafen wir keine Entscheidung. Bei unserem zweiten Besuch setzte man den dominanten Kater in eine Box, damit der noch übrig gebliebene Kater sich frei entfalten konnte. Der damals einjährige Gismo nutzte seine Chance und überzeugte uns, seine neue Familie zu werden.

Zuhause bereiteten wir mit Liebe alles für ihn vor: Katzenfutter und Streu holen, einen neuen Kratzbaum aufstellen, und dann konnten wir Gismo endlich abholen.

Wie kläglich jammerte er auf der Fahrt zu seinem neuen Domizil. Aber nicht lange. Als er seine Box verließ, sah man das Staunen in seinen Augen. „So ein großer Raum, und alles ist für mich alleine", schienen sie zu sagen.

Wir blieben bei unserem Plan. Damit auch der Kater bei Fahrten mit dem Wohnmobil für sich neue Welten erkunden konnte, kauften wir ihm Geschirr und Leine, woran er sich schnell gewöhnte. Seither gehen wir jeden Morgen in unserem Wohngebiet spazieren. Nicht nur zu zweit, meistens zu dritt. Denn nach einiger Zeit gesellte sich der Revierkater zu uns. Er ist ein selbstbewusster, rotgetigerter Freigänger, den ich wegen der Ähnlichkeit mit einem Romanhelden „Bob" nenne.

Anfangs schien es Gismo etwas peinlich zu sein. Er konnte sich ja nicht frei bewegen, das machte Bob ihm deutlich. Vielleicht machte der sich auch in der Katzensprache über ihn lustig. Aber inzwischen stolziert Gismo katzenmanierlich herum.

Die beiden Kater begrüßen sich jetzt immer herzlich, wenn Gismo sich an die geltenden Katzenregeln hält. Ich kenne sie leider nicht, daher kann ich nicht sagen, warum Bob ab und zu doch seine Pfote erhebt. Doch Gismo lässt sich nicht provozieren und bleibt ruhig. Auch wenn wir mal auf andere Katzen treffen, begegnet er ihnen mit Neugier und bietet seine Freundschaft an – ein wahrer Traumkater.

Obwohl er ja mit mir spazieren geht (anstatt ich mit ihm), kann ich inzwischen doch etwas Einfluss auf Gismo nehmen, falls er mal irgendwohin gehen möchte, wo ich ihm aufgrund meiner Größe oder Unbeholfenheit nicht folgen kann. Ein kurzes Ziehen an der Leine, und er verändert seine Laufrichtung. Auch das Wort „Verstecken" – falls mal ein Auto kommt oder ein Spaziergänger mit Hund – deutet er inzwischen richtig.

Abgesehen vom täglichen Spaziergang kann Gismo seine Nase auf dem gesicherten Balkon in die frische Luft halten. Außerdem spielen wir oft. Wenn er Lust darauf hat, zu rennen, stupst er mich mit seiner Pfote an, und ich muss ihn jagen. Sogar Verstecken haben wir in unserem Spielprogramm. Wenn der Kater sich versteckt, tue ich so, als würde ich ihn nicht finden. Dann sitzt er mir irgendwann im Weg, als würde er sagen: „Du hast es nicht drauf." Und mich findet er immer hinter einer der Türen, hinter die ich mich gestellt habe.

Gismo ist schmusig und sehr lieb. Ich habe noch keine Spur von Aggressivität an ihm gesehen. Ich bin froh, dass wir ihm die Chance gegeben haben, ein Mitglied in unserer kleinen Familie zu werden.

Nur das mit dem Wohnmobil müssen wir noch üben, aber das wird mal eine andere Geschichte ...

Mäusejagd

Inzwischen ist ein Jahr vergangen. Noch immer gehe ich jeden Morgen mit Gismo an der Leine spazieren. Besser gesagt, er geht mit mir spazieren, denn er bestimmt, wo es lang geht. Das hat sich nicht geändert. Oft werden wir von Revierkater Bob begleitet. Er möchte bestimmt schauen, ob Gismo Ärger macht. An manchen Tagen hat der große Rote eine andere Verabredung, dann sind wir auch mal zu zweit unterwegs.

Gismo hält nicht immer viel von Wegen, so dass ich auch schon mal über einen Jägerzaun klettern muss. Was man nicht alles für seine Samtpfoten macht …

In den Herbst- und Wintermonaten wird es morgens ja erst später hell, so dass wir auch im Dunkeln unterwegs sind. Einerseits hat Gismo ja seine innere Uhr, aber freundlich wie er ist, lässt er es doch mal zu, etwas später aufzustehen. Am ersten Tag der Uhrumstellung auf Winterzeit war er natürlich zu seiner Zeit am Bett. Auch ließ er mich länger schlafen, als ich erkältet war. Ein wahrer Prachtkater.

Zur Herbstzeit sind draußen natürlich viele Mäuse unterwegs. Anfangs noch unbeholfen, fing Gismo nach ein paar Tagen seine erste Maus, setzte sie wieder ab und fing sie erneut. So richtig nach Katzenart. Ich überlegte, wie ich sie retten konnte, doch ich bekam Hilfe. Einer der Nachbarn kam heraus, so dass Gismo unaufmerksam war und das Mäuschen ihm entwischen konnte.

Natürlich wusste Gismo am darauffolgenden Tag noch genau, wo er die Maus gefangen hatte und machte sich, sobald wir draußen waren, direkt auf den Weg zu dem Gebüsch. Und wieder hatte er Glück. Ein Mäuschen passte nicht auf, und er hatte es.

Er lief mit der Maus aus dem Garten und auf dem Gehweg entlang. Es sah so aus, als würde er sie stolz nach Hause tragen wollen. Aber anscheinend hatte die Maus etwas dagegen und wand sich so sehr, dass sie aus seinem Mäulchen entkam.

Doch dann begann das Malheur. Gismo sprang natürlich direkt hinter der Maus her und verkeilte sich dabei mit der langen Leine so unter einem Wagen, dass ich ihn nicht sofort herausziehen können. Verschreckt über die plötzlich Eingeengtheit, wand er sich aus seinem Geschirr und rannte los. Oh je, was sollte ich nur tun?! Gismo ist getigert und dunkel. Wie heißt es so schön: „Bei Nacht sind alle Katzen grau ..." Das gilt auch für die Morgendämmerung. Also ging ich hinter ihm her – mit dem leeren Geschirr, doch ohne Leine.

Es gelang mir, ihn zu greifen. Doch hatte ich das Geschirr noch nicht geöffnet, um es ihm überzuziehen, sodass er wieder entwischte. Er verschwand aus dem Blickwinkel.

Meine Innereien reagierten auf den Stress, und ich musste jetzt sofort und schnell nach Hause. Mir ging durch den Kopf, dass Gismo schon zweimal vom nicht zu stark gesicherten Balkon ausgebüxt und dann von selbst nach Hause gekommen war. (Inzwischen ist der Balkon total dicht.) Aber ich mochte ihn trotzdem nicht als Freigänger sehen, da er bei der Jagd sich so auf seine Beute fixierte, dass er dann doch mal vor ein Auto springen konnte.

Bald konnte ich mich wieder nach draußen aufmachen und überlegte, wie ich meinen Kater finden konnte. Ich ging die Strecke wieder ab, die wir gelaufen waren, und tatsächlich – da saß Gismo neben dem Reifen eines anderen Autos und spielte mit (s)einer Maus. Ob es dieselbe war, bleibt ein Rätsel. Durch mein Erscheinen wurde Gismo abgelenkt, und die Maus konnte glücklicherweise verschwinden.

Doch er hatte noch keine Lust auf den Heimweg und zog sich weiter unter das Auto zurück. Was nun? Ich musste ja auch bald ins Homeoffice ... Da kam mir Revierkater Bob zu Hilfe.

Er hatte an diesem Morgen einen anderen Termin wahrgenommen, kam aber jetzt auf uns zugetrabt, damit er seine Leckerchen von mir bekam. Ich beschloss, Gismo auszutricksen und lockte Bob zu mir nach Hause. Er hatte keine Scheu, war schon mal bei uns in der Wohnung gewesen, nachdem unsere damalige Katze verstorben war, und kannte mich.

Während wir zur Wohnung gingen, kam Gismo neugierig heraus und schaute hinter uns her. Bob folgte mir in den Hausflur, und ich sah, dass mein Kater auch auf das Haus zulief.

Damit Bob noch ein besonderes Leckerchen bekam, nahm ich ihn mit in die Wohnung. Aber für ihn roch es dort wohl so intensiv nach Gismo, so dass er fauchte und lieber wieder raus wollte. In Ordnung, das Leckerchen für ihn nahm ich mit.

Als ich die Haustür öffnete, stand Gismo schon wartend davor. Er kam rein und rannte in den Keller. Den nimmt er auch gerne mal in Augenschein und konnte sich die Gelegenheit nicht entgehen lassen. Bob bekam noch seine Stange, dann schloss ich die Tür.

Nach einer Weile hatte mein Ausreißer seine Keller-Inspektion beendet und kam freiwillig mit in die Wohnung. Was war ich erleichtert!

Seit jenem Tag schaut Gismo jeden Morgen auch unter das entsprechende Auto und hofft, dass die Maus wieder zum Spielen bereit ist.

Fast wie bei Disney

Silke Schäfer

 *Oh ja, darauf hätte ich auch mal Lust – Filmstar in einem Katzen-Zeichentrickfilm! Mit meinem Charme und meiner Grazie gewinne ich garantiert den Oscar und darf meinen Pfotenabdruck auf dem Walk of Fame hinterlassen.*

Seit ich Jahre zuvor bei einer Katzenausstellung Angorakatzen gesehen hatte, war ich begeistert von der Schönheit und Ausstrahlung dieser Tiere. Zu der Zeit hatten Perserkatzen noch nicht die superflachen Gesichter, aber ich fand ihr Aussehen schon ziemlich extrem. Bei den Angoras dagegen war alles völlig normal proportioniert, das Fell lang, aber wegen fehlender Unterwolle nicht zum Verfilzen neigend, dazu die ausdrucksvollen Augen.

Die Züchterin bot ein schwarzes und ein weißes Kätzchen zum Verkauf und nannte ihren Preis: je 1.500,- DM. Ich war damals und bin auch heute nicht bereit, Unsummen auszugeben, wenn anderswo Tiere sitzen und auf eine neues Zuhause hoffen.

Meine erste Katze Míriel adoptierte ich aus dem Tierheim, nach einem Jahr gesellte ich ihr einen Kumpel zu, den ich über Kleinanzeigen fand. Er war ein verstecktes Mitbringsel einer anderen Tierheimkatze, deren Schwangerschaft sich noch nicht gezeigt hatte, als sie zu ihrer Familie zog. Von ihren drei Kitten suchte ich mir den roten Kater aus, spindeldürr und nichts als Nase, Ohren und Beine. Ich nannte ihn Robin.

Der kleine Kerl hängte sich sehr an Tigerdame Míriel und erklärte sie zu seiner Ersatzmama. Ich glaube, sie hat nie viel davon gehalten, lehnte ihn aber auch nicht komplett ab. Als sie nach Jahren unsere kleine WG verließ (Wasser in der Lunge, ein Todesurteil), waren Robin und ich untröstlich. Ich war mir ganz sicher: So eine Katze gibt's nicht noch einmal. Aber damit Robin, wenn ich tagsüber zur Arbeit weg war, nicht stundenlang allein zurückblieb, fuhr ich wieder zum Tierheim.

Ich ging durch den Katzentrakt, schaute in jedes der Zimmerchen und hoffte auf den magischen Moment oder wenigstens irgendein Zeichen, dass genau *dieses* Tier das passende für uns sei. Doch als ich hinten beim gesperrten Quarantänebereich ankam, hatte es nirgendwo gefunkt. Ich drehte um und beschloss, der „Liebe auf den zweiten Blick" eine Chance zu geben.

Eine Tür klappte hinter mir, eine Stimme sagte: „Tschuldigung, darf ich mal?" Und dann schwebte in einem Käfig eine weiße Langhaarkatze an mir vorbei.

Ich hielt die Tierheimmitarbeiterin sofort an. „Kann ich mir die mal ansehen?" Eine Fundkatze, hieß es, geschätzt auf ein oder zwei Jahre alt, nicht mehr. Niemand hatte sie bis jetzt abgeholt oder auch nur nach ihr gefragt, darum war sie nun zur Vermittlung frei und sollte aus der Quarantäne in den normalen Bereich umgezogen werden.

Ich konnte es gar nicht fassen. Das war doch eine Angora! 1.500,- DM! Wer sucht denn nicht nach einem so teuren Kätzchen, wenn es entläuft! Oder war die Kleine gar ausgesetzt? Unglaublich!

Damit war jedenfalls meine Suche zu Ende. Es stellte sich heraus, dass ich nicht genug Geld dabeihatte, für Rassekatzen galt ein anderer Preis als für simple Hauskatzen. Ich fuhr nach

Hause und kam wieder zurück, und für 250,- DM durfte das weiße Angoramädchen in meine Transportbox umsteigen.

Ob Robin sie mögen würde? Ich fand sie wunderhübsch mit ihrem Seidenfell und den verschiedenfarbigen Augen, aber meine Meinung war nicht maßgeblich.

Die Zusammenführung fand in der Küche statt, nah beim Futterplatz, falls Inci – den Namen hatte ich mir unterwegs überlegt – Appetit auf etwas haben sollte. Robin beobachtete neugierig, wie ich mit der Box hantierte.

Dann trat sie heraus, wie ein Supermodel auf den Laufsteg, wie ein Filmstar auf den roten Teppich. Sie sah sich um, würdigte Robin eines kurzen Blickes, entdeckte die Futternäpfe und bewegte sich anmutig darauf zu. Mein Kater ließ sie an sich vorbeigehen, dann klapste er ihr mit der Pfote lässig auf den weißen Fellpopo. Sie maunzte empört auf und trippelte eilig weiter. Die Szene ähnelte genau der in „Manche mögen's heiß, als Marylin Monroe am Bahnhof vom Dampfstrahl einer Lok überrascht wird. Ich musste mich beherrschen, um nicht laut loszulachen. Robin warf sich auf die Seite und zeigte Inci, die ihn nun musterte, seinen Bauch. In einer imaginären Sprechblase über ihm las ich: *Hey Baby, war nicht so gemeint. Ich bin eigentlich ein ganz Netter.*

In aller Ruhe und mit stilvoller Gelassenheit schritt Inci an ihm vorbei und inspizierte die anderen Räume. *Ja, ganz nett,* sagte ihre Körpersprache, *auch dieser rothaarige Typ scheint in Ordnung zu sein. Ich denke, diese Unterkunft ist annehmbar.*

Wir hatten alle voneinander zu lernen. Inci verstand bald, dass es bei mir regelmäßige Mahlzeiten gab und dass sie nicht alles in Windeseile herunterschlingen musste. Robin lernte, dass er in Incis Anwesenheit ein paar Anstandsregeln zu befolgen hatte. Und ich stellte immer wieder fest, dass Klischees tatsächlich leben können.

In mancher Hinsicht wirkte Inci mehr wie eine Zeichentrick- oder Plüschkatze, der jemand Leben eingehaucht hatte. Wenn sie sich setzte, dann nur mit perfekt nebeneinander platzierten Pfötchen, den Schwanz ordentlich um sich gelegt. „Possierlich" war das Wort, das sie in solchen Momenten am besten beschrieben hätte. Nie nahm sie eine unvorteilhafte Pose ein. Immer bewahrte sie Haltung und vornehme Distanz. Inci und Robin waren dem berühmten Katzenpärchen aus „Aristocats" nicht unähnlich, selbst die Farben stimmten.

So war ich, wenn auch völlig ungeplant, doch zu meiner Angorakatze gekommen. Robin war wieder in glücklicher Partnerschaft, und gemeinsam hatten wir eine schöne Zeit.

„Rasse schützt vor Tierheim nicht" ist damals wie heute gültig. Es lohnt sich immer, den magischen überspringenden Funken abzuwarten.

Die pampige Pauline

Silke Schäfer

Es ist schon einige Jahre her, da fragten mich Bruder und Schwägerin, ob ich für die Dauer ihrer Urlaubsabwesenheit in den Osterferien ihre Katze Pauline übernehmen könnte. Ich kenne sie ja bereits, sie sei ein unkompliziertes Mädchen und würde sich bestimmt mit meinen beiden Miezen verstehen.

Meine Beiden, Abessinierkater Sethos und Angorakatze Inci, waren schon im gesetzteren Alter jenseits der zehn Jahre und meiner Meinung nach ebenfalls unkompliziert. Zwar würde ich über Ostern selbst mal abwesend sein, aber deren Versorgung war bereits organisiert. Eine Mieze mehr sollte da kein Problem sein. „Na klar", sagte ich also, und wir verabredeten alles Weitere.

Am Tag der Übergabe begann ich das Pauline-Tagebuch zu schreiben, um später in allen Details von ihrem Aufenthalt bei uns berichten zu können:

Freitag Eben noch hat meine Schwägerin vor dem begehbaren Kleiderschrank gehockt und Pauline, die sich hineingeflüchtet hatte, gut zugeredet. Nun heißt es aber doch mal „Tschüs", und die Familie verabschiedet sich. Kaum ist die Wohnungstür ins Schloss gefallen, kommt Pauline aus dem Schank, mit großen Augen und der deutlichen Frage in ihrem ganzen Ausdruck: „Was? Meine Menschen sind gegangen und haben mich nicht mitgenommen?!"

Ich lasse ihr Zeit, die neue Situation zu verdauen. Als ich eine Weile später nach ihr sehe, hat sie sich in die unterste Wäscheschublade verkrochen. Es ist Essenszeit, aber sie will nicht rauskommen, also stelle ich ihr die Näpfchen in den Kleiderschrank.

Der weitere Abend verläuft ruhig, ich setze mich mit einer Handarbeit ins Wohnzimmer, Inci und Sethos machen sich es in meiner Nähe bequem. Wie erwartet kommt Pauline raus, um auch dieses Zimmer zu inspizieren. Neugierige Blicke gehen hin und her, bei zu geringer Distanz wird auch mal gefaucht, ansonsten passiert nichts.

Schlafenszeit – wie gewohnt hat Inci sich auf meiner linken Seite neben dem Kopfkissen eingerollt, Sethos ist noch in der Wohnung unterwegs. Irgendwann höre ich eine mir fremde Katzenstimme, das muss Pauline sein. Sie ist unter dem Bett, und wir unterhalten uns ein paar Minuten. Später, schon im Halbschlaf, merke ich, wie eine Katze aufs Bett springt, um sich einen Schlafplatz auszusuchen.

Ich bin wieder wach, es grummelt laut, die Geräuschquelle scheint sich direkt unter mir zu befinden. Eine Hand nach links ausgestreckt, langer Plüschpelz: Inci liegt noch da. Nach rechts, kurzes, festes Haarkleid – Sethos ist dort. Was ist also los? Ich stelle mir vor, wie Pauline unter dem Bett hockt und ein Selbstgespräch führt, wie etwa: „Jetzt pennen die beiden Alten da oben bei dem Mensch, und mir lassen sie noch nicht mal das Fußende. Ich bin stocksauer…“

Samstag Wie jeden Morgen dasselbe Theater, wenn es ums Frühstück geht: Inci und Sethos sind immer hungrig. Ich mache die Näpfe fertig und bringe Pauline ihr Frühstück „ans Bett“ in der Schublade. Sie schnuppert interessiert, nimmt aber nichts. Na ja, versuchen wir es später wieder.

Der Tag verläuft ohne Besonderheit, Pauline schmollt immer noch im Kleiderschrank, kommt am Nachmittag aber wieder raus und dreht ein paar Runden. Das Wohnzimmer interessiert sie doch sehr, da kann man auf die Straße sehen. Kommt sie Sethos in die Quere, gibt es wieder gefauchte Diskussionen, Inci hält sich im Allgemeinen raus. Zu mir ist sie gleichbleibend freundlich und immer ansprechbereit.

Für den Abend habe ich eine Einladung, erst morgen werde ich zurückkommen. Bevor ich gehe, wird noch einmal üppig gefüttert. Pauline kommt in den Flur, beobachtet die beiden anderen. Ich biete ihr wieder etwas an, aber nein, sie wendet sich ab.

Sonntag Das Frühstück hat meine Katzensitter-Freundin Petra heute ausgeteilt. Sie sagt mir später, dass sie Pauline gar nicht zu Gesicht bekommen hat. Als ich am frühen Nachmittag nach Hause komme, scheint alles in Ordnung. Paulines Klo ist benutzt, allerdings ist auch ein dicker Haufen drin, der eher nach Inci aussieht. Hm…

Als Pauline hört, dass ich da bin, kommt sie sofort aus dem Kleiderschrank. Essen? Nein, danke, nicht interessiert, aber schmusen wäre nett. Den Gefallen tue ich ihr. Dann habe ich aber auch ein paar Dinge zu tun, und wie ich so hin und her laufe, läuft Pauline mit mir mit.

Abendzeit – Wohnzimmerzeit. Pauline kommt auch mal mit aufs Sofa, legt sich probeweise hin, und ich fange sie an zu kraulen, aber sie ist nicht entspannt und springt bald wieder auf, um weiter herumzuwandern. Begegnungen mit Sethos sind immer noch von Fauchen und Knurren begleitet, Inci bleibt zurückhaltend. Insgesamt scheint es, also ob man sich ein wenig näherkommt. In der Nacht ist es ruhig, Pauline schläft im Kleiderschrank.

Montag Ich habe Urlaub und kann ausschlafen. Ich stelle fest, dass Pauline immerhin das bereitgestellte Trockenfutter verputzt hat und biete ihr wieder was an. Nein, danke. Eine andere Sorte Feuchtfutter? Das, was Inci frisst? Nein, auch das nicht. Kein Appetit.

Mir fällt inzwischen auf, dass Pauline sozusagen nur noch mit Geleitschutz durch die Wohnung geht. Bin ich zuhause und laufe herum, tut sie das auch, und zwar in meiner unmittelbaren Nähe, da fühlt sie sich sicher. Gehe ich einkaufen, verzieht sie sich offenbar wieder in den Kleiderschrank und kommt erst bei meiner Rückkehr wieder raus.

Woran kann es nur liegen, dass die Situation sich nicht entspannt? Platz, Futter, Toiletten, Fenster zum Raussehen, von allem ist genug da. Ist es der Altersunterschied? Ich beobachte die drei Miezen, und es drängt sich der Vergleich mit einem respektlosen Teenager auf, der einem Rentnerpärchen gegenüber freche Reden schwingt. Paulines Körpersprache übersetze ich mit: „Hey, ihr da! Ich bin jung und draufgängerisch, ich wohne jetzt auch hier, aber euch beide finde ich langweilig und doof."

Das Abendessen wird wieder verweigert. Ich rufe Petra an, und sie versichert mir, dass das nicht besorgniserregend sei, da habe sie schon anderes erlebt.

Na, immerhin trinkt sie, dann geht's ja.

Dienstag   Infernalisches Kreischen reißt mich aus dem Schlaf, es klingt nach drei Katzen, die fürchterlich aneinandergeraten sind. Ich taumele aus dem Bett, mit drei Schritten bin ich im Flur, wo Schatten in drei Richtungen wegspringen. Knurren klingt aus dem Kleiderschrank, Inci setzt sich in der Küche neben ihren Napf und schaut mich an, als könne sie kein Wässerchen trüben, und wie wäre es denn jetzt mit Frühstück? Sethos kommt aus dem Wohnzimmer und schließt sich ihrer Meinung an.

Ich gebe ihnen was und gehe erst nochmal ins Bett, es ist gerade mal halb sieben.

Später setze ich mich mit meinem Kaffee auf den Boden im Flur, wo ich zuvor die kleinen Kämpfer getrennt hatte und denke laut nach. Noch bin ich da und kann eingreifen, ab dem kommenden Freitag aber nicht mehr, denn ich bin über Ostern weg (dann kommt meine Nachbarin herüber und versorgt die Katzen), und in der nächsten Woche muss ich wieder arbeiten. Jede Menge Zeit, in der es Probleme geben kann. Ein Plan B muss her.

Pauline kommt aus dem Schrank, als sie meine Stimme hört, und streicht ein bisschen um mich herum. Da sieht sie Sethos in der Küche, springt drohend gesträubt auf ihn zu, präsentiert die Breitseite. Er wendet sich ihr zu, und sofort rennt sie hinter mich und faucht ihn an, mit mir als Schutzschild dazwischen.

So geht das nicht. Ich rufe meinen Vater an. Er wohnt nur wenige Kilometer entfernt in einem Ein-Zimmer-Apartment. Es ist zwar nicht groß, der Platz für Tiere in seinem Herzen ist umso größer.

Körbchen, Futter, Spielzeug … alles wird eingepackt und Pauline in die Transportbox verfrachtet. Das gefällt ihr gar nicht, sie will wieder raus. Ich kann ihr nicht erklären, dass sie kurz durchhalten muss und wir unterwegs sind zu einer entspannteren Lösung.

Dort angekommen, geht Pauline erst einige vorsichtige Runden durch die wenigen Quadratmeter. Sind hier andere Katzen? Anscheinend nicht. Ah, hier steht also meine Toilette. Oh, da hat mir jemand etwas zu essen hingestellt.

Zum ersten Mal seit Freitag lässt Pauline sich gemütlich nieder und frisst was. Jetzt ist die Welt endlich in Ordnung.

Noch zwei Stunden vergehen, in denen sie alles erkundet, zwischendurch immer mal die menschliche Gesellschaft aufsucht und kundtut, dass sie sich hier sehr viel wohler fühlt, und könnte bitte jemand den Napf nachfüllen?

Ich verabschiede mich schließlich mit dem sicheren Gefühl, dass dies die richtige Entscheidung war.

Wie es weiterging, wurde mir später erzählt: Mein Vater und Pauline hatten eine sehr harmonische Zeit miteinander, die Kleine wurde bespielt und verwöhnt und bekam die volle Aufmerksamkeit. Ein wenig problematisch wurde es bei der Abholung. Die Katze wollte nicht mehr weg. Sie sprang auf ein hohes Regal und weigerte sich, dieses gastliche Ferienheim zu verlassen. Nur mit viel Geduld und Ruhe gelang es endlich, Pauline in ihre Transportbox zu locken.

In der unmittelbaren Zeit danach soll sie wohl auch ständig lautstark nach Futter verlangt haben, sie hatte sich an sofortige Bedienung gewöhnt (und auch etwas zugenommen).

Trotzdem – oder deswegen – war ich aus zukünftiger Urlaubsplanung raus, für eine Betreuung wurde direkt Schäfer senior angesprochen. Eine prima Lösung für alle Beteiligten.

Wir bauen Al-Katz-Traz

Silke Schäfer

 *Freigänger sein – ah ja, ein besonderes Privileg, das ein selbstbewusster Kater nicht gern begrenzt sieht. Ich kann also den Typen schon verstehen, seine Menschen-Mama allerdings auch.*

Ein paar Straßen entfernt von mir wohnt Petra. Ich kenne sie schon lange, unsere erste Verbindung waren Katzen. Zu ihrem Leben gehörten aber immer auch Hunde, aktuell die über zehnjährige Irish-Wolfhound-Hündin Arwen. Mittlerweile, da ich auch einen Hund als Mitbewohner habe, gehen wir öfters mal eine abendliche Gassirunde gemeinsam.

Neulich, als wir die Runde fast hinter uns hatten und es nur noch wenige Meter bis zu Petras Haus waren, sprang mein jagdbegeisterter und ständig nach Kaninchen Ausschau haltender Podenco plötzlich bellend nach vorn. Im dichten Gebüschstreifen, der sich von ihrer Grundstücksgrenze entlang der Nachbarsgrenzen zieht, raschelte es. Wir sahen gerade noch das Hinterteil einer Katze hinter Brombeerranken verschwinden.

„Hast du gesehen, ob der einen weißen Latz hatte? Sonst könnte das auch der Kurti gewesen sein!" Petra war in heller Aufregung, denn ihr kleiner Ausbrecherkönig schaffte es als einziger immer wieder, aus dem eigentlich gut gesicherten Garten zu entkommen.

Später rief sie mich an. Es war tatsächlich Kurti gewesen, mal wieder.

„Ich finde und finde die Stelle nicht, wo er rauskommt. Ich habe aber eine Vermutung, wo. Da muss unbedingt was gemacht werden. Aber allein schaffe ich das nicht. Könntest du mir helfen?"

Natürlich, gar keine Frage. Am nächsten Tag, nach meiner Morgenrunde, war ich dort. Werkzeug und Material lagen bereit, es konnte losgehen.

„Die Stelle dort an der Kletterhortensie – das ist wohl der Weg, den Kurti immer nimmt. Da müssen wir nachbessern."

Ein katzenausbruchsicher eingezäunter Garten, das ist eine feine Sache. Viele Leute haben so etwas. Doch manche Gärten wehren sich dagegen, oder besser: Manche Gärten sind nur bedingt dazu geeignet, an der vorhandenen Struktur nachträglichen Überkletterschutz anzubringen. So auch dieser.

Es fing schon damit an, dass Haus und Garten auf einem unregelmäßig geformten Grundstück standen, seitlich angrenzend ein Park mit altem Baum- und Buschbestand, die efeubewachsene Rückseite einer Lagerhalle sowie drei andere Gärten, von denen einer mit einer dschungelartigen Wildnis zu vergleichen war (Kurtis liebster Abenteuerspielplatz, sozusagen). Außer an der hohen Wand bildeten überall Zaunelemente aus Holz die Grenze, teils mit Pergola-Gerüstteilen erhöht. Im rechten Winkel überhängend war Kaninchendraht daran montiert, sodass der Weg nach oben versperrt war.

Für die meisten anderen Katzen wäre das mit einer sportlichen Anstrengung trotzdem zu überwinden gewesen, aber Kurti war in dieser Hinsicht die Ausnahme: Er sprang nicht, er kletterte. Darum reichte der Kaninchendraht aus, und wo man ihn nicht hatte anbringen können, hinderte dicke Plexiglasfolie die Katzenkrallen daran, Halt zu finden.

Die Kletterhortensie hatte jedoch weder das eine noch das andere zugelassen. Sie war alt, hatte dicke Äste ausgebildet und wucherte fröhlich vor sich hin. Hier und da ein Folienstreifen, zu mehr hatte es nicht gereicht. Und der findige Kurti hatte offenbar darin einen geheimen Fluchtweg angelegt, den es nun zu schließen galt.

„Da müssen wir wohl was wegschneiden", sagte Petra bedauernd. Aber anders ging es nicht. „Den Holunder da drüben sollten wir uns auch mal vornehmen, vermutlich auch die Rose. Lauter Stellen, wo Kurti es über den Zaun schaffen könnte."

Ich besah mir kritisch den etwa sechzig Jahre alten Magnolienbaum. Seinen Stamm hatte Petra ebenfalls mit Folie zur Rutschpartie gemacht, aber die mächtige Krone neigte sich in allen Richtungen schon bis zu den Umzäunungen. Käme der Kater doch einmal in den Baum, könnte er auf den Ästen balancierend doch raus aus dem Garten. „Da muss auch allerhand weg", stellte ich also fest.

Wir machten uns an die Arbeit. Die Kletterhortensie büßte etliches von ihrem Grün ein, sodass große Folienstücke, direkt in ihre Äste geschraubt, den Weg nach oben versperrten. Zufrieden mit unserem Werk gönnten wir uns einen Kaffee auf der Terrasse.

Abends rief Petra mich an. „Der Kurti ist schon wieder weg. Erst hat er sich alles ganz genau angesehen und war offenbar unzufrieden. Später hörte ich ihn aus dem Nachbargarten maunzen. Ich kaufe morgen noch einen Vorrat Plexiglasfolie im Baumarkt, dann müssen wir nochmal ran."

Gesagt, getan. Diesmal rückten wir der Kletterhortensie mit weit größerer Entschlossenheit zu Leibe, die fast kahlen

Äste verschwanden hinter einem Patchwork aus Folienstücken, nur ganz oben quollen noch grüne Ranken heraus, und weit unten, wo Klettern keine Option war. Dann ließen wir Kurti raus, der mit missbilligendem Blick den Kahlschlag inspizierte.

Wir hatten viel geschafft und waren recht zufrieden mit unserem Werk. Magnolie, Holunder & Co. wollten wir direkt im Anschluss angehen und verabredeten uns für den kommenden Sonntag.

Nach der Morgenrunde gab ich den Katzen ein zweites Frühstück und nahm meinen Hund mit zu Petra. Sie empfing uns mit den Worten: „Kurti hat irgendwo eine Lücke gefunden. Der ist schon wieder raus."

In den folgenden Stunden schnippelten und sägten wir uns durch alle Stellen, die nach einer Fluchtmöglichkeit aussahen. Als ich auf der Leiter stehend die uralten Rosentriebe kappte, die sich von einem Pfosten aus hinüber auf das Schuppendach wölbten, erschien Kurti maunzend auf der Pergola und wollte offenbar gern in seinen Garten zurückkehren, doch ein Sprung kam nicht in Frage. Gleichzeitig war er sehr neugierig, was wir da taten. Langsam bewegte er sich in meine Nähe.

Die schwere Astschere hielt ich in der Rechten und hatte somit nur eine Hand frei und auch nur eine Chance, den Kater zu greifen. In Petras Richtung ging er nicht, doch mich hielt er wohl für harmlos. Ich konnte ihn anlocken, im Nackenfell packen und mit einem Schwung hinunter auf einen der Laubhaufen befördern.

„Der ist jetzt erst mal beleidigt", mutmaßte Petra. Umso besser, dann versuchte er wenigstens nicht sofort einen neuen

Ausbruch. Wir machten weiter mit unserer Rodungsmaßnahme, zählten zum Schluss elf volle Sammelbehälter und waren mächtig stolz auf unsere Leistung.

Am nächsten und übernächsten Tag hatte ich einen Muskelkater wie noch nie. Und Kurti war schon wieder weg. „Diese ganze Pergola muss weg", sagte Petra. „Ich schaue nur einen Moment nicht hin, da verschwindet er. Irgendwie ist er doch da hoch und übers Schuppendach rausgekommen."

Ihr Bruder rückte mit schwerem Sägegerät an und entfernte all die schönen morschen Pfosten und Querstreben, auf denen Kurti bisher herumgeturnt war. Den einen, an dem der alte Rosenstock noch wuchs (dessen Tage aber vermutlich auch gezählt sind), verkleidete sie mit einer großen PVC-Wellplatte, die einst als Terrassendach gedient hatte.

Wieder durfte Kurti in seinen Freigang, wieder besah er sich alles aufmerksam und machte keinerlei Anstalten, abhauen zu wollen. „Und dann", erzählte Petra mir am Telefon, „nachdem ich fast anderthalb Stunden mit ihm im Garten war und er sich völlig desinteressiert verhalten hat, musste ich kurz mal rein. Das hat kaum mehr als eine Minute gedauert. Als ich wieder rauskam, war Kurti weg. Nach drei Stunden hörte ich ihn endlich, er war wieder bei der Nachbarin. Zum Glück konnte sie ihn schnappen. Von allein kommt der ja nicht wieder rein. Ich dreh noch durch!"

Ich finde dieses geistige Wettrüsten ja irgendwie lustig. Was immer der Mensch sich ausdenkt, der Kater hebelt es wieder aus. Eigentlich geht er ja nicht weit weg, bleibt immer in den Nachbargärten oder im Park, und er kommt auch zurück (wenn auch nicht rein, da ist wieder der Mensch gefragt). Aber es geht auch um Sicherheit. Nicht weit entfernt ist eine Hauptverkehrsstraße, darum sollte Kurti seiner Neugier besser nicht nachgeben können.

Petra und ich diskutierten kurz die nicht ganz ernst gemeinte Idee, zum Nachbargarten eine „Einbahn-Katzenklappe" einzubauen. Durch die könnte Kurti nicht hinaus, aber wenigstens wieder reinkommen. Dann verabredeten wir die nächste Gartenaktion, um weitere mögliche Fluchtwege zu eliminieren.

Diesmal wurde ein Teil der Pergola beim Schuppen abgebaut, wo Kurti vermutlich irgendwie den Pfosten hoch und von da aus aufs Dach gekommen war. Übrig blieb nur der stark gestutzte Rosenstock, der sich vorher daran hochgehangelt hatte. Er darf vorerst bleiben und seine dekorative Nützlichkeit durch schöne Blüten beweisen, ansonsten bye-bye. Da ist Petra rigoros, die Sicherheit ihrer Katzen geht vor.

Dann nahmen wir uns den Magnolienbaum vor, um dessen Stamm zwar eine Folie befestigt war, aber die schien uns angesichts Kurtis Entschlossenheit, den Garten zu verlassen, als unzureichend. Außerdem könnten seine Krallen an dem Spanngurt Halt finden, wir mussten also für glattes Abrutschen sorgen.

Etliche Folienstücke und noch mehr Schrauben später blickten wir auf ein Kunstwerk, für das Christo uns bestimmt lobend auf die Schultern geklopft hätte. Der knorrige Stamm war ab Kniehöhe bis hoch zu den ersten Verzweigungen umwickelt und nach unserer Meinung für den Kater nicht erklimmbar.

Kurti lauerte schon die ganze Zeit hinter seiner Katzenklappe in der Terrassentür, wir ließen ihn raus. Er rannte sofort in den hinteren Gartenteil, wo er verdutzt das Fehlen des Pergola-Pfostens bemerkte. Er lief zu der Zaunecke, die von der Kletterhortensie berankt war, reckte sich kurz daran hoch, ließ aber wieder davon ab. Dann den Magnolienbaum begutachten, wieder zur Hortensie, dann sinnend herumsitzen.

Wir konnten wohl zufrieden sein, und ich verabschiedete mich. Zuhause wartete mein Hund seit Stunden, die nachmittägliche Gassirunde war längst fällig. Unterwegs erreichte mich Petras Nachricht, es sei nicht zu fassen, aber Kurti sei schon wieder raus.

Abends telefonierten wir in Ruhe, und sie erzählte, dass sie hinten bei der Magnolie noch mit Aufräumarbeiten beschäftigt gewesen sei, als der Kater plötzlich gutgelaunt auf dem Schuppendach erschien. Er muss also doch über die Hortensie rausgekommen sein, eine andere Erklärung gab es nicht. Nach einer guten Stunde sei er wieder erschienen und habe Einlass verlangt.

Das klingt jetzt vielleicht vermenschlichend, aber ich sehe den Kater im Geiste noch vor mir, wie er sich an der bewussten Zaunecke gereckt und nach oben geschaut hat. Es ist kein großer Gedankensprung bis zur Vermutung, dass er sich nur vergewissern wollte, ob wir auch da etwas verändert hatten oder ob sein bislang geheimer Fluchtweg noch offen war.

Ich äußerte also diesen Gedanken, und Petra konterte mit neuem Equipment. Sie würde eine Kamera so platzieren, dass hoffentlich gut zu erkennen war, wo und wie genau der kleine Ausbrecher sich davonmachte.

Es vergingen ein paar Tage, in denen weitere Folienstücke ihren Platz an der Hortensie fanden und die Pflanze wiederum einige Seitentriebe einbüßte. Außerdem schnitt der Nachbar jenseits des Zaunes die zu seiner Seite überhängenden Triebe ab.

Dann veranstalteten Petra und ich wieder einen Garten-Großkampftag. An einer sicheren, doch unübersichtlichen

Stelle mussten herabgefallene Blätter entfernt und eine Über-dachung verstärkt werden. Kurti ließen wir nicht raus, damit er nicht auf die Idee kam, uns wieder kontrollieren zu müssen.

Nach getaner Arbeit ein Käffchen, mit den Hunden ku-scheln (meinen hatte ich wieder mitgebracht) und anschlie-ßend eine entspannte Gassirunde.

Als wir zurückkamen, ging ich nochmal kurz mit in den Garten, um meine Tasche zu holen. Ich sah Maine-Coon-Kater Filou vor der Hortensie sitzen und nach oben blicken. Und oben – wie konnte es anders sein – balancierte Kurti auf den spärlichen Resten der einst so dichten Pflanze und sprang dann in den Nachbargarten.

Wie zum Kuckuck hatte er das bloß wieder geschafft?!

Ich fürchte, wir werden noch einige Male damit beschäftigt sein, Fluchtwege zu versperren. Petra wird dafür sorgen, dass immer ein Vorrat an Plexiglasfolie da ist, und wenn sie irgend-wann zu der Überzeugung gelangt, dass das alles nichts nützt, bleibt uns wohl nur noch eine Möglichkeit: Netz obendrüber (nein, nicht wirklich). ☺

Update im Oktober 2024 – Wir haben es wohl doch geschafft, Kurti endlich im Garten zu halten. Es gab nur noch einmal einen Ausbruch, dem sofort weitere Folien folgten. Danach war Ruhe. Und doch … vielleicht ist es ja nur das ungemütliche Wetter, das den Kater zurzeit weniger unternehmungslustig sein lässt. Warten wir den kommenden Frühling ab.

Untreue Seele

Renate Schiansky

Bei den Nonnen im Helenenstift hatte sich Nachwuchs einge-stellt. Nein! Natürlich war keine der ehrwürdigen Schwestern auf Abwege geraten! Dafür waren sie viel zu fromm (und wohl auch viel zu alt). Lediglich die Klosterkatze hatte sich vom Kater eines benachbarten Bauernhofs becircen lassen und fünf Junge zur Welt gebracht. Die Nonnen kümmerten sich liebevoll um die miauende Schar, so wie sie sich auch um die kleine Gruppe von Seniorinnen kümmerten, die jeden Som-mer für ein paar Wochen zur Erholung ins Kloster kamen.

Eine dieser alten Damen war in jenem Jahr meine Groß-tante Else. Und da wir nicht weit weg wohnten, besuchten wir sie auf einen Spaziergang im Klostergarten und anschließen-den Plausch bei Kaffee und Kuchen. Die Kinder, Vanessa und Gabriel, spielten inzwischen mit den jungen Kätzchen. Beson-ders der etwas pummelige, schwarz-weiß gefleckte Kater hatte es ihnen angetan.

„Ihr könnt ihn gerne mitnehmen!" lachte die Mutter Obe-rin. „Wir haben mit den anderen mehr als genug!"

So wurden wir unversehens zu Katzeneltern.

Mucks, so nannten wir den kleinen Kerl, lebte sich rasch bei uns ein und wuchs zu einem stattlichen Kater heran, der sich tagsüber von den Kindern verwöhnen ließ und nachts gerne durch die Siedlung streunte; der manchmal auch zwei oder drei Tage wegblieb. Aber irgendwann klapperte dann doch wieder das Katzentürchen im Vorzimmer, und Mucks war wieder da.

Nach einigen Jahren zog eine junge Familie aus Rumänien im Dorf ein und eröffnete ein Restaurant. Der Vater kochte fantastisch, die Mutter kümmerte sich um die Gäste, und Tochter Gina freundete sich mit Vanessa an. Und mit Kater Mucks, der gegen zusätzliche Verwöhn-Einheiten nichts einzuwenden hatte. Die Mädchen trafen einander regelmäßig, zum Spielen, Plaudern oder Lernen, und oft begleitete sie der neugierige Kater.

Als Vanessa ins Gymnasium wechselte, wurden ihre Besuche bei Gina nach und nach weniger. Nicht jedoch die des Katers. Und irgendwann blieb das Klappern der Katzenpforte ganz aus. Mucks war zu Gina übersiedelt. Oder besser, in das Restaurant ihrer Eltern!

„Untreue Seele!" schimpfte Vanessa, gönnte dem Kater jedoch sein Schlaraffenland und besuchte ihn nun ihrerseits, so oft es ihre Zeit erlaubte, bei ihrer Freundin.

So vergingen weitere Jahre. Die Mädchen wurden zu Teenagern, und auch Mucks wurde älter und gesetzter, gab sein Streunerdasein aber nie ganz auf. Daher wurde erst recht spät bemerkt, dass man ihn nun doch schon seit einer Woche oder länger nicht mehr gesehen hatte. Die Mädchen suchten das ganze Dorf ab, befragten sämtliche Nachbarn, hängten Plakate auf – vergebens. Mucks blieb verschwunden. Nur schwer fanden sich

Gina und Vanessa damit ab, dass der arme Kater verschwunden war; dass er womöglich unter ein Auto oder anderswie zu Schaden gekommen war.

Das Leben aber musste weitergehen, und die Mädchen nahmen im Sommer Ferienjobs als Helferinnen im Helenenstift an. Waschen, putzen, Essen servieren, mit den Senioren plaudern, Domino spielen, spazieren gehen, das sollte nun für sechs Wochen ihre Aufgabe sein.

Ein bisschen nervös, aber auch ein wenig stolz an ihrem ersten Arbeitstag, ließen sie sich von der Oberin ihr Aufgabengebiet erklären, wurden durch den Park geführt und den Sommergästen vorgestellt.

Dort erwartete sie eine Überraschung.

Noch heute erzählt man sich im Helenenstift von den Jubelrufen, als die beiden Mucks entdeckten, der es sich auf dem Schoß einer Greisin im Rollstuhl bequem gemacht hatte, sich das Fell kraulen ließ und über all dem Aufruhr um seine Person nur ausgiebig gähnte.

Moritz, der Aufpasser

Rita Steinicke

Auf einmal war da: Ein abgemagerter schwarzer Kater, der sich in unserem Garten durch lautstarkes Maunzen bemerkbar machte. Mein Mann zögerte nicht lange und stellte ihm Futter hin, was der Kater mit Heißhunger verschlang.

Und nun? fragten wir uns. Wir hatten schon zwei Kater, die wahrscheinlich keine Lust verspürten, ihr Revier mit noch einem Artgenossen zu teilen. Oder war er irgendwo entlaufen? Vielleicht vermisste ihn jemand. Zudem sah er sehr heruntergekommen aus. War er krank? Wir beschlossen, erst mal mit ihm zum Tierheim zu fahren.

Dort war man sehr nett, sagte uns aber, dass zurzeit das Katzenhaus bereits überfüllt sei und man ihn deshalb leider nicht aufnehmen könne. Man legte uns nahe, den Kater zu behalten, da wir ihn ja bereits angefüttert hatten. Also ging es wieder nach Hause, und wir ließen ihn frei.

Was soll ich sagen – er blieb. Obwohl er hätte weiterziehen können, hatte er uns als seine Familie ausgesucht. Wir stimmten also zu, ihn zu behalten, und ließen ihn als nächstes tierärztlich untersuchen, ob er gesund war und nicht irgendetwas Ansteckendes hatte. Gott sei Dank war alles in Ordnung.

Unsere beiden anderen Kater, Max und Paulchen, waren (wie erwartet) nicht begeistert. Aber da sie alle Freigänger waren, arrangierten sie sich.

Wir nannten unseren Neuzugang Moritz. Den Namen hatte er sich verdient. Wie sein Namensvetter bei Wilhelm Busch hatte er es faustdick hinter den Ohren.

Wir von ihm wurden regelmäßig mit kleinen und großen Geschenken bedacht (Mäuse, Vögel und Kaninchen), welche er – letztere oft lebend – nach Hause brachte.

Er wurde der Kater meines Mannes, sie hatten ein inniges Verhältnis zueinander. Ich war deswegen nicht eifersüchtig, denn er war auch zu mir sehr lieb und schmusig. Aber ich hatte noch meinen Kater Paulchen, der ausschließlich zu mir kam. Max hingegen pflegte engen Kontakt zu meiner Mutter, die mit uns im selben Haus lebte.

Moritz entwickelte sich zu einer richtigen Persönlichkeit. Er hatte vor nichts Angst. Sein Revier war riesig – jedenfalls weit größer, als ich nur vermuten konnte. Das belegten Augenzeugen (Nachbarn und Bekannte), die Moritz kannten und mir von ihm erzählten. Wir machten uns ständig Sorgen, dass ihm etwas passieren könnte, doch alles ging gut.

Sein Revier hatte Moritz fest im Blick. Wie wohnten in einer ruhigen Seitenstraße, wenige Meter vom Park entfernt. An der Ecke stand ein Haus, in dessen Vorgarten dichte Sträucher wuchsen. Dort war unser Kater meist zu finden, unsichtbar für alle Passanten, für ihn selbst allerdings mit freier Sicht auf den Park.

Oft saß er auch bei uns am Haus auf dem freien Platz vor der Garage und beobachtete vorbeigehende Menschen und vor allem deren Hunde. Er wusste genau, wenn diese angeleint waren, konnte ihm nichts passieren, und so blieb er stur sitzen. Die Hunde dagegen regten sich fürchterlich auf, doch er rührte keine Pfote. Allerdings gab es Vorfälle, da blieb er nicht ruhig.

Katerchen Max hatte sich vor einem vorbeigehenden Husky unter einem geparkten Auto in Sicherheit gebracht.

Der Husky war zwar angeleint, versuchte aber an den Kater heranzukommen.

Ich kam erst hinzu, als schon alles vorbei war. Der Besitzer des Huskys erzählte mir, dass er versucht habe, seinen Hund zu händeln, aber auf einmal sei unser Moritz aufgetaucht und sofort auf seinen Hund losgegangen und habe ihn mit einem Schlag an der Schnauze verletzt. Das sei alles so blitzschnell gegangen, und der Hund sei so verdutzt gewesen, dass er schnell vom Auto abließ.

Eines Tages, bei einem Friedhofsbesuch in einem anderen Stadtteil, fand ich einen Hund, einen Kangal. Er lief dort herrenlos herum, abgemagert und in schlechtem Allgemeinzustand. Ich beobachtete ihn lange, ob irgendwo in seiner Nähe ein Herrchen oder Frauchen war. Aber nach etwa einer Stunde gab ich es auf. Ich ging zu dem Kangal hin (ich habe keine Angst vor großen Hunden) und sprach ihn an: „Na, Großer, kommst du mit?" Ohne dass ich ihn überhaupt berührt hatte, ist er mir gefolgt und in mein Auto gestiegen.

Ich rief meinen Mann an. „Schatz, ich habe einen Hund gefunden." Darauf er: „Bring ihn mit."

Also bin ich nach Hause gefahren, und mein Mann hat Augen gemacht, was ich da für ein Kaliber mitgebracht hatte. Er hatte inzwischen schnell Hundefutter besorgt. Wir holten den Hund aus dem Auto, nahmen ihn mit in den Garten und stellten ihm das Futter hin. Auf einmal kam Moritz angelaufen und stürzte sich auf den Napf.

Schnell verscheuchte mein Mann den Kater mit den Worten: „Hau ab, sonst bist du gleich sein Frühstück!" Schließlich konnten wir ja nicht wissen, ob der Hund katzenfreundlich war oder nicht.

Die Sorge erwies sich als unbegründet. Der Kangal – wir nannten ihn Pluto – war eine Seele von Hund. Nach Vorstellung in Tierheim und Tierklinik behielten wir ihn. Er war mit allem verträglich, und wenn Moritz es sich mal auf dem Hundeliegeplatz gemütlich gemacht hatte, legte sich der Hund ganz vorsichtig um ihn herum. Moritz war der Chef.

Einmal legte Moritz sich sogar mit einer Füchsin an.

Mitten in der Nacht wurde ich wach durch lautes Geschrei vor unserem Schlafzimmer, welches oberhalb vom Garagenplatz lag. Ich weckte meinen Mann, weil ich diese Laute nicht zuordnen konnte, ich hörte nur unseren Kater heraus. Mein Mann lief nach unten und sah, dass das andere Tier eine Füchsin war. Sie und Moritz standen sich gegenüber und schrien sich gegenseitig an. Er störte die beiden und lenkte den Kater ab, sodass die Füchsin sich verziehen konnte.

Da mein Mann morgens immer sehr früh aufstand, konnte er sehen, dass die Füchsin seit dieser Begegnung auf ihrem Weg zum Park immer die Straßenseite wechselte, nur um nicht Moritz zu begegnen.

Nachdem unser Hund Pluto gestorben war, kam ein neuer Notfallhund zu uns. Kenya (Mix aus Dalmatiner und Staff) war eine wunderbare, liebe Hündin. Alle Katzen und alle Menschen mochten sie, besonders Moritz.

Eines Tages wurde Kenya bei uns vor der Tür von zwei fremden Hunden laut angepöbelt, sie bellte zurück. Plötzlich kam Moritz aus dem Garten, dick aufgeplustert, und es sah so aus, als wenn er Kenya sagen wollte: „Welchen soll ich übernehmen?"

Der Besitzer der beiden Hunde musste lachen, als er meinen Kater sah, der Kenya beschützen wollte.

Moritz war eben ein besonderer Kater, selbst unsere Tierärztin liebte ihn und hätte ihn gerne selber gehabt. Er war in ihrer Praxis immer ganz lieb und hat alles erduldet. Dorthin mussten wir natürlich öfters, weil er sich oft mit anderen Katzen stritt und auch verletzt wurde.

Was ihn zu einem absoluten Herzenskater machte, war die Empathie von Moritz. Meine Mutter lag im Sterben bei uns zu Hause, wir wichen ihr nicht von der Seite. Eine Bekannte kam, um uns abzulösen, wir sollten doch mal einen Spaziergang machen, sie bliebe bei der Mutter.

So machten mein Mann und ich uns auf den Weg. Wir waren erst ein paar Meter gelaufen, da hörten wir hinter uns ein Maunzen. Es war Moritz. Er begleitete uns den ganzen Spaziergang, mit Abstand, immer wieder maunzend. Dies war das erste Mal, dass er solches Verhalten zeigte. Ich hatte Tränen in den Augen.

Seitdem ging er abends immer mit uns, wenn wir den letzten Gang mit dem Hund machten. Egal, wo wir hingingen (natürlich mit Abstand). Wie um zu sagen: „Ich bin bei euch und passe auf."

Der Herr Professor

Florian Waldner

 *Als Katze in einem Lehrerhaushalt – da kenne ich mich aus. Meine Menschen-Mama ist ja auch eine Lehrerin, irgendwie. Und ich muss immer aufpassen, dass sie sich nicht überarbeitet mit all den Dingen, die da zu tun sind.*

Dass wir uns eine Katze anschaffen, war nun wirklich nicht meine Idee. Meine Partnerin lag mir monatelang in den Ohren, organisierte sogar den konspirativen Besuch einer engen Freundin, die dabei probeweise für ein ganzes Wochenende mit ihrer Katze bei uns einzog. Das gute Tier machte unsere Wohnung unsicher, sprang auf jedes Bücherregal, warf so manche Sachen hinunter und, zur großen Freude aller, ignorierte mich während seines Aufenthalts vollkommen. Und ich es auch.

Trotzdem: Das Aufeinandertreffen von mir und der Katze wurde als Erfolg abgehakt, und es gab keine Ausrede mehr.

So zog an einem schicksalshaften, sonnigen Frühlingstag ein kleiner grauer Tiger bei uns ein, dessen riesige Ohren ihm bald den Vergleich mit einer Fledermaus einbrachten.

Da in einer Wohnung nicht endlos Platz ist, ergab es sich nach langem Überlegen, dass der Kater namens Balthasar in unserem Arbeitszimmer untergebracht wurde und sein Futternapf keinen halben Meter neben meinem großen Eckschreibtisch zu stehen kam. Zugegeben, dass sich auch die Tür auf die Terrasse hier befindet und der kleine Freigänger so kommen und gehen kann, wie er gerade will, war für diese Platzierung auch ein wesentliches Argument. So kam es, dass

157

ich jetzt hauptberuflich Türöffner für die erhabene Katzheit und nur noch nebenberuflich Lehrer bin. Dass ich vormittags in der Schule unterrichte und nachmittags brav neben der Türe sitze und meinen Unterricht vorbereite oder Hefte korrigiere, ist sicherlich der einzige Grund, weshalb meine Nebenbeschäftigung von Balthasar überhaupt noch geduldet wird.

Ganz geheuer ist ihm diese Korrigiererei nämlich nicht, und so wird mein Schreibtisch regelmäßig inspiziert, an meiner Schultasche und an Heften geschnuppert. Vor allem für Prüfungsphasen, wenn sich Klassenarbeiten auf meinem Tisch bedrohlich türmen und die Korrekturabende bis spät in die Nacht ausufern, hat Balthasar kein Verständnis.

An solchen Tagen kommt er heim, müde vom Mausen und Begutachten der Nachbarsgärten, und fordert seinen Begrüßungsstreichler ein. Unnachgiebig kann er sich dann an mein Bein schmiegen, es mit seiner Lunte umschlingen und einem den Kopf auffordernd unter die tatenlose Hand schieben. Weh mir, wenn ich mich in so einem Moment wieder an meine Arbeit zu setzen wage! Ein empörtes Mau, ein Sprung – rauf auf den Tisch. Vor den Lehrer, direkt zwischen Rotstift und Papier. Jetzt wird gestreichelt – und wenn ich nicht aufhöre zu

arbeiten, greift Balthasar zu erbarmungslosen Kampfmaßnahmen: Sitzstreik, direkt auf dem Stapel der zu korrigierenden Arbeiten. Feierabend, keine Widerrede!

Die Empörung darüber, dass mein Zweitjob mich so einspannt, ist mitunter so groß, dass Balthasars Kampfmaßnahmen keinen Aufschub dulden. Da bleibt natürlich keine Zeit, zuerst einmal gemütlich zu Hause anzukommen und einen Happen zu essen, geschweige denn Regentropfen aus dem Fell abzustreifen oder sich die Füße abzutreten.

Eines grauen, regnerischen Nachmittags korrigierte ich gerade Merkstoffhefte meiner Erstklässler auf Vollständigkeit. Gerade hatte ich das Heft meiner Klassenbesten bewundert. Es war nicht nur alles da, nein, jede Überschrift war dazu mit mehreren Farben ausgeführt, jede freie halbe Seite mit kleinen Zeichnungen gefüllt. Kleine Männchen und bunte Buchstaben, lachende Sonnen und saftige grüne Wiesen stahlen Dativ, Akkusativ & Co. die Show.

Von diesen Kunstwerken ebenso ergriffen wie ich ließ Balthasar es sich nicht nehmen, seiner Bewunderung Ausdruck zu verleihen und seinen Beitrag zu leisten. Gekonnt stolzierte er über das saubere Heft und hinterließ quer über die Doppelseite eine Spur schlammiger Pfotenabdrücke, wie man sie nicht besser abpausen könnte. Ich schrie auf, schimpfte, tobte, bettelte und pustete, trocknete, tupfte, alles vergebens.

Der Kater blieb über mich Kunstbanausen verärgert, die Spur unauslöschlich.

Nichts anderes blieb mir, als am nächsten Tage zu Kreuze zu kriechen. Das Heft in der Hand, den Kopf tomatenrot. Wie war mir das peinlich! Ein wunderschönes, makelloses Heft. Ausgerechnet in der Obhut des Lehrers ruiniert!

Während ich zu einer langen Erklärung mit Entschuldigung ausholte, schlug die Schülerin flink das Heft auf, fand die Spur. Lachte, zeigte das Meisterwerk der Sitznachbarin.

„Boah, schau mal!"

„Herr Professor, Sie haben eine Katze?"

Die erwartete Entrüstung blieb aus.

„Wie heißt sie? Haben Sie ein Foto?"

Verdutzt und überrumpelt zog ich pflichtschuldig das Smartphone aus der Schultasche und zeigte ein paar Bilder unseres Katers.

Leuchtende Kinderaugen und Aufschreie aus den Sitzreihen dahinter. Jeder wollte die Katze sehen.

Sofort zogen nun auch die Kinder ihre Smartphones heraus, die griffbereit und eingeschaltet unter den Bänken warteten. Jetzt bekam ich im Gegenzug die Katzen der ganzen Klasse zu sehen. Statt mit Rechtschreibübungen verbrachten wir die Deutschstunde mit Katzenbildern und -anekdoten.

So trat der kleine graue Tiger Balthasar das erste Mal in Kontakt mit meinen Schülerinnen und Schülern. Die regelmäßige Frage „Wie geht es Ihrem Kater?" zu Stundenbeginn begleitete uns durchs Schuljahr.

Diese Aufmerksamkeit und Anteilnahme ging nicht spurlos an ihm vorbei, nein, sie rührte direkt an Balthasars Pflicht- und Ehrgefühl. Es blieb nicht mehr beim Inspizieren und Dulden meiner Nebenbeschäftigung, ab jetzt wurde selbst Pfote angelegt!

Auf dem zweiten Bildungsweg, quasi im „Home-Schooling self-taught", mauserte er sich zum Professor Balthasar.

Beim Elternsprechtag, der bei uns via Zoom von zu Hause aus stattfindet – ein Erbe der Pandemie – geriet ich in ein schwieriges Gespräch. Das Kind zu Hause verschlossen, in der Schule abgestürzt, die Hausaufgaben das ganze Semester nie gemacht, die Versetzung gefährdet. Die Mutter am anderen Ende der Leitung aufgelöst, ich ratlos. Plötzlich sprang Balthasar neben mir auf den Tisch, sah mit großen grünen Katzenaugen in die Kamera, aufmerksam und ruhig. Seine Botschaft völlig klar: Verzagen Sie nicht, werte Mutter, ich habe die Lage unter Kontrolle!

Der Eindruck, den er machte, war kapital. Tatsächlich erzeugte er ein Lachen, brachte die nötige Auflockerung ins Gespräch, ließ uns vom Festgefahrenen zu einer Lösung weiterkommen.

Natürlich wussten am nächsten Morgen nicht nur alle Schüler der Klasse von Balthasars Auftritt zu erzählen, in der großen Pause sprachen mich auch schon Kollegen im Konferenzzimmer auf meinen Supervisor an.

Professor Balthasar lässt es aber, wenn es drauf ankommt, auch nicht an der nötigen Härte mangeln. Ich hatte die Arbeiten meiner Oberstüfler zu korrigieren, ein Jahr vor der Matura stehend. Ein endloser Stapel. Ich wurde und wurde nicht fertig. Jeden Tag dasselbe angespannte Ritual zu Stundenbeginn: „Haben Sie die Schularbeiten schon korrigiert?" Enttäuschte Gesichter, und abends korrigierte ich wieder weiter. Ich legte eine Arbeit zur Seite, bei der ich mich mit der Notengebung schwertat, um sie am nächsten Tag mit einem Kollegen zu besprechen. Professor Balthasar sah mich mit seinen großen runden Augen an, gähnte, schalt mich einen elenden Zauderer – und zerriss mit seinen Krallen die Arbeit in der Luft.

Wieder tomatenrote Entschuldigung bei der Rückgabe, wieder hatte der Schüler mehr Sinn für Humor, als ich ihm zugetraut hätte.

Das Ritual zu Stundenbeginn änderte sich bei der nächsten Schularbeit: „Herr Professor, ich weiß eh, dass Sie viel zu tun haben und noch nicht fertig sind. Aber was sagt Ihr Kater? Konnte er schon einen Blick darauf werfen?"

Es mag natürlich zu Verständnis und Vergebung beigetragen haben, dass ich die Arbeit schlussendlich doch nicht so streng bewertet hatte wie der gute Kater.

Wir unterschätzen als Lehrer gerne, unter welchem Druck Jugendliche in der Schule stehen, vor allem auch bei der Matura. Nicht nur die mehrstündigen schriftlichen Prüfungen haben es in sich, auch die mündlichen sind brutal. Ewiges Warten am Prüfungstag, bis man im Reigen der Prüflinge endlich der oder die nächste ist, man seine fünfzehn Minuten Rampenlicht hat, um im Adrenalinrausch alles von sich zu geben, was man vorher wochenlang in sich hineingestrebert hat.

Wenn man überhaupt bis zur Prüfung kommt.

Ich befand mich in unserer Schulbibliothek, sah Hefte durch, stellte Bücher zurück. Der Raum war sonst leer, ich hatte Freistunde. Mit Schwung flog die Tür auf, eine Maturantin – die ich gar nicht unterrichtete! – stürmte herein, verkrümelte sich hinter einem Regal und sank dort zu Boden. Schnappatmung.

Panikattacke.

Ich fragte sie, was los sei. Ob ich ihr helfen könne. Ob sie ein Glas Wasser wolle.

Keine Reaktion, keine Chance.

Ratlos, hilflos sah ich mich im Raum um – und entdeckte am Tresen mein Smartphone. Ich hielt ihr ein Katzenbild unter die Nase, erzählte von Professor Balthasar und seiner Spur quer durchs Schülerheft. Wischte von einem Bild zum anderen.

Endlich entlockte Balthasar ihr ohne sein Wissen ein Lächeln, riss sie aus ihrem Gedankenstrudel. Wer kann schon einem tapsigen Flauscher, der auf dem Boden rollt und eine Stoffmaus herumwirft, widerstehen?

Ich reichte ihr ein Taschentuch, sie wischte sich die Tränen ab. Zwanzig Minuten später legte sie ruhig und gefasst ihre Prüfung ab. Herr Professor Balthasar sei Dank.

Dass wir uns eine Katze anschaffen, war nun wirklich nicht meine Idee. Aber er hat nicht nur auf mein Leben, sondern auch auf das meiner Schülerinnen und Schüler einen gewaltigen Einfluss.

Um nichts auf der Welt würde ich meinen Lehrerkollegen missen wollen.

Teil 2

Allerlei Kätzisches

Näh-Anleitung für ein Katzenkissen

Ich liebe es bequem und liege beim Schlafen total gern auf dem Rücken, meine Menschen-Mama hat mich dabei schon ganz oft fotografiert. Sie achtet darauf, dass für uns Katzen überall im Haus genug Kissen da sind.

Davon kann man in einem Katzenhaushalt gar nicht genug haben: Liegekissen. Auf Fensterbänken, im Regal, auf Schränken, Beistelltischchen und wo immer der Stubentiger Bequemlichkeit sucht. Eine gefaltete Decke würde es vermutlich auch tun, aber hier geht es ums Selbermachen. Außerdem sind solche Kissen schöne Geschenke (Hunde liegen auch gern drauf).

Die einfachste Ausführung ist schnell gemacht und zum Üben ideal. Unser Kissen wird eine Endgröße von 40 x 60 cm haben (eigentlich 38 x 58 cm, wegen der Nahtzugabe).

Zerschneidet dazu ein altes Biber-Betttuch, ihr braucht ein Stoffstück von 60 x 80 cm.

Wenn eure Nähmaschine keinen Overlock-Stich anbietet, der gleichzeitig steppt und versäubert, müsst ihr erst die offenen Kanten umzickeln. Dann den Stoff rechts auf rechts legen und mit 1 cm Abstand zum Rand steppen. Lasst an einer Schmalseite dabei eine Öffnung von ca. 10 cm zum Wenden offen.

An den vier Ecken diagonal den Stoff wegschneiden, ohne die Naht zu verletzen. Dann das Kissen wenden, die Ecken schön ausformen (geht prima mit einem Löffelstiel).

Die Füllung sollte unbedingt waschbar sein (zum Beispiel Volumenvlies), denn gleich wird zugenäht. Schneidet das Vlies ein wenig kleiner als die fertige Kissenhülle, rollt es eng zusammen und schiebt es durch die Öffnung. Dort ausrollen und zurechtzupfen, dann die Öffnung zunähen.

Wer es noch ein wenig dekorativer mag, steppt einen Rand mit 4 cm Abstand. So ist das Vlies auch unverrückbar fixiert.

Auf dieser Basis lassen sich mit ein paar Abwandlungen wunderschöne Kissen fertigen. Hier einige Vorschläge:

- Verschiedenfarbige Stoffe auf Vorder- und Rückseite

- Abgerundete Ecken (mit einem Unterteller vorzeichnen)

- Personalisierung mit aufgesticktem oder aufgemaltem Katzennamen

- Oberseite aus Kunstfell oder Teddyplüsch

- Patchwork-Karo aus Stoffresten

Die letzte Variante hatte ich mal als Decke für meinen Hund genäht, aber bevor der Hund überhaupt da war, lag schon mein Kater drauf. Also hier das gute Stück in halber Größe, für Katzen:

Sucht euch Stoffreste in möglichst gleicher Qualität zusammen (am besten Baumwolle, aber keine Stretchware), schneidet daraus 9 x 9 cm große Quadrate (Fadenlauf beachten!) – davon braucht ihr 24 Stück. Für Rand und Rückseite nehmt einen dazu passenden einfarbigen Stoff. Schneidet die Randstreifen mit einer Breite von 5 cm zu.

Legt die Stücke nach eurem Gefallen aus und macht davon ein Foto, wenn ihr zufrieden seid. Dann steppt die Quadrate mit 5 mm Abstand zum Stoffrand zusammen, sodass sie vier Reihen ergeben. Bügelt die Nahtzugaben auseinander.

Diese vier Reihen näht aneinander, ebenfalls mit 5 mm zum Rand. Euer Foto hilft euch notfalls dabei, die Anordnung nicht durcheinander zu bringen. Nahtzugaben auseinander bügeln.

Zur Fixierung all der offenen Stoffkanten legen wir aufbügelbare Vlieseline mit der Klebeseite darauf (das muss keine dicke Qualität sein) und bügeln sie fest, so bekommt die Patchwork-Seite auch insgesamt etwas mehr Festigkeit.

Randstreifen aus einfarbigem Stoff auf Maß zuschneiden und anstepen, zuerst die kurzen, dann die langen Seiten. Schneidet nun in gleicher Abmessung wie die Patchwork-Vorderseite den Stoff für die Rückseite zu, und zwar in einem Stück.

Das Volumenvlies für die Füllung wird bei dieser Variante gleich mit eingearbeitet. Dazu legt die beiden Stoffseiten rechts auf rechts und oben darauf das in gleicher Größe zugeschnittene Volumenvlies. Gesteppt wird durch alle drei Schichten, mit 1 cm Abstand zum Rand. Eine Öffnung zum Wenden lassen.

Das Vlies am Rand vorsichtig bis nah an die Naht wegschneiden, Stoff an den Ecken diagonal wegschneiden, Kissen wenden. Das ist zwar ein bisschen mühsamer, aber es geht.

Die Ränder von außen schön zurechtkneten und knappkantig absteppen, dabei die Öffnung schließen. Auf der Grenze zwischen Patchwork und Randstoff eine Steppnaht setzen. Fertig.

Wer möchte, kann natürlich auch noch die Karos durch zusätzliche Nähte hervorheben, aber das macht das Kissen auch wieder flacher.

In viel, viel kleiner sind solche Hüllen (aber nicht Patchwork sondern die Basis-Version) auch für Katzenminze geeignet. Das muss dann nicht rechteckig sein – wie wäre es mit einem Kissen in Fischform?

Mit größeren Karos könnt ihr für eure Katze (oder den Hund) eine prima Pfötel- und Schnüffeldecke nähen. Sammelt dazu alte Baumwollhosen/Jeanshosen und schneidet die Stoffquadrate an den Stellen aus, wo sich die Hosentaschen befinden.

Für diese Art Decke ist kein Volumenvlies nötig, hier sind die Taschen das Wichtigste. Darin könnt ihr später Leckerchen und Spielzeuge verstecken. Genäht wird ansonsten wie zuvor, ihr könnt auch die ausgeschnittenen Stücke auf eine fertige Unterlage applizieren, zum Beispiel ein altes Handtuch.

Lasst eure Fantasie spielen und werft nichts mehr weg, aus dem man noch ein prima Liegekissen zaubern kann. Eurer Katze werdet ihr damit eine große Freude machen.

Freigang mit Grenzen

Kennt ihr die Redewendung „Neugier tötet die Katze"? Leider ist sie wahr. Wir Freigänger führen oft ein Leben am Abgrund. Nicht immer endet es so dramatisch, aber von Eingesperrtsein in einem fremden Schuppen kann ich euch ein Lied singen. Damals haben sich meine Menschen ganz doll Sorgen gemacht.

Viele Katzen verbringen ihr ganzes Leben in der vergleichsweise sicheren Umgebung einer Wohnung und sind ganz zufrieden damit. Andere dagegen sehnen sich dermaßen nach Freigang, dass sie vor lauter Frust unsauber oder zerstörerisch werden. Wieder andere sind schon als Freigängerkatzen aufgewachsen und akzeptieren die Wohnung oder das Haus zwar als nettes Zweitdomizil mit Vollpension, doch ihr wahres Leben findet außerhalb davon statt.

Wir Menschen kennen die vielen Gefahren, die einer draußen frei umherstreifenden Katze drohen, und wir möchten unseren Liebling beschützen. Der Kompromiss, den wir anbieten können, heißt „Gesicherter Freigang". Dafür braucht es einen Garten, der ausbruchsicher eingezäunt werden kann.

Eine konkrete Planung ist ein guter Ausgangspunkt, doch kalkuliert auch Alternativen ein. Und bevor ihr mit der Umsetzung beginnt, klärt zunächst ab, in welchem Rahmen ihr euch mit eurem Projekt bewegen könnt.

Wohnt man im eigenen Haus, ist manches dabei leichter zu lösen. Doch trotzdem kann es Schwierigkeiten geben: Ist eine hohe Umzäunung des Gartens überhaupt erlaubt? (In manchen Gemeinden gelten Maximalhöhen für Hecken und Zäune.) Muss der Bau mit den angrenzenden Nachbarn abgestimmt werden? Wohnt man zur Miete: Gibt der Vermieter seine Zustimmung? (Am besten schriftlich festhalten!)

Steht dem Ganzen nichts mehr im Wege, kann bis ins Detail weiter geplant werden. Die Herausforderung lautet: Mit welchen Mitteln hindere ich meine Katze zuverlässig daran, den Garten zu verlassen? An dieser Stelle eine Anmerkung – es gibt für jede Wohnsituation eine individuelle Lösung. Oder sogar mehrere. Das sind insgesamt ziemlich viele, darum können hier auch nur Möglichkeiten aufgezählt und Anregungen gegeben werden. Für Preise, Bauanleitungen, Hersteller und all die vielen Besonderheiten würde der Platz nicht reichen, das ist ein zu weites Feld.

Einen weiterführenden Tipp kann ich aber hier geben. In den sozialen Medien haben sich Gruppen zusammengefunden, die den gesicherten Freigang für Katzen zum Thema haben. Dort kann man sich austauschen, Rat und Hilfe finden, auf Erfahrungswerte anderer Menschen zurückgreifen. Ebenfalls gute Ergebnisse liefert eine Bildersuche unter dem Begriff „Catio". Ihr werdet dort die atemberaubendsten Katzen-Wunderwelten sehen, die jemand (oft im Ausland) für seine Mieze gebaut hat. Einiges davon ist sicher auch im eigenen Bereich nachzuarbeiten.

Bewährt für die Sicherung im **Garten** haben sich hohe Metallgitter-Zäune, die oben mit einem nach innen schräg abgewinkelten Überkletterschutz versehen sind. Wo es ebenfalls darum geht, unliebsame Vierbeiner draußen zu halten (fremde Katzen, Marder oder Waschbären), könnte eine elektrische Sicherung die Lösung sein. Ist der Garten bereits mit hohen Sichtschutzwänden umgeben, kann man den Überkletterschutz auch nachträglich anbringen, die Winkel gibt es so zu kaufen (Internet). Besonders klettergewaltige Katzen können mittels dicker Plexiglasfolie daran gehindert werden, überhaupt so hoch zu gelangen (siehe auch die Geschichte von Kurti auf Seite 141).

Je größer der Garten, desto länger = teurer die Umgrenzung. Vielleicht genügt ein **Gehege**? So etwas gibt es sogar als Bausatz in unterschiedlicher Ausführung von Größe und Material. Manche Firmen haben sich auf passgenauen Gehegebau spezialisiert, eine eigene Kreation ist dagegen meist kostengünstiger und natürlich individueller. Die Auswahl ist hier insgesamt so groß, dass sich ein genauer Vergleich lohnt.

Freigang – vom Wortverständnis her gehören Terrasse, Balkon und Freisitz eigentlich nicht hierher, weil die Katze dort nicht wirklich weit herumgehen kann. Der Vollständigkeit halber und weil auch sie die Chance auf Frischluft bieten, seien sie ebenfalls erwähnt.

Wo kein Garten zur Verfügung steht, gibt es vielleicht einen **Balkon** oder eine (Dach-)**Terrasse**, wo mit einer Vernetzung für Sicherheit gesorgt werden kann. Auch dafür gilt: Erst genau klären, ob die Anbringung erlaubt ist. Zur Befestigung kann ein Holzgerüst dienen, oder Teleskopstangen kommen zum Einsatz. Für oben offene Bereiche gibt es Stangen, die mit einer Biegung den Überkletterschutz schon mit sich bringen.

Wenn schon kein Freigang, dann aber gern eine Möglichkeit zum Frischlufttanken: Der **Freisitz**. Dazu genügt ein Fenster, vor das eine passgenaue Konstruktion montiert werden kann. Die Verankerung erfolgt mittels stabiler Winkelhaken, welche in die Führungsschienen des Rollladens greifen, es ist kein Bohren in die Wand nötig. Als Schutz vor kalter Luft dient eine Plexiglasscheibe mit eingebauter Katzenklappe.

Ist die Entscheidung für eine der vielen Varianten gefallen und sind Zaun/Netz/Gehege endlich gebaut, geht es ans Einrichten.

Im **Garten** ist spätestens jetzt ein kritischer Blick auf die Bepflanzung nötig. Achtet darauf, dass die Katze nicht über einen Baum entkommen kann. Sonst muss der Baumstamm unüberwindbar gesichert werden. Und: Viele der schönen Zierpflanzen sind giftig, stellen also ein weiteres Risiko dar. Sie sollten möglichst durch unbedenkliche Arten ersetzt werden (eine Auflistung gibt es in FELIMANIA). Fragen dazu kann auch z.B. der Deutsche Tierschutzbund beantworten.

Mit Gerüsten, Schaukeln, Brücken und Boxen verwandelt ihr den Garten in einen Abenteuerspielplatz für eure Katze. Sie kann klettern, ihre Krallen wetzen, sich verstecken, sich sonnen. Ein Trinkbrunnen oder Wasserspiel bietet Erfrischung an, Futter aber gibt es besser nur drin, um keine Fliegen anzulocken.

In einem **Gehege** braucht man sich wegen giftiger Pflanzen keine Sorgen zu machen, die bleiben außerhalb. Doch weil es sich so schön auf Gras liegt – schenkt eurer Katze ein Stück Rollrasen in einem großen flachen Gefäß.

Gehört zur Einrichtung auch ein Klo? Probiert es aus. Es sollte am besten fest verschließbar sein, so kann sich darin kein anderes Getier einnisten, wenn die Katze nicht draußen ist.

Der **Freisitz** kommt mit noch weniger Ausstattung aus. Je nach Größe passt vielleicht gerade ein Kissen hinein oder ein, zwei erhöhte Liegeebenen.

Eine ganz andere Art des gesicherten Freigangs wird oft kontrovers diskutiert, aber ich will sie trotzdem hier anfügen: Der **Spaziergang** an Geschirr und Leine. Nicht jede Katze ist der Typ dafür, es erfordert Training und Geduld. Die Vor- und Nachteile muss man sich klarmachen und abwägen. Hat man aber so eine Mieze, die Leinenspaziergänge liebt, kann man ihr damit immer neue Abenteuer an neuen Orten bieten.

Der gesicherte Freigang versetzt uns in die Lage, unsere Katzen vor Straßenverkehr, jagenden Hunden und Diebstahl zu schützen. Futterspezialisten betteln nicht mehr bei den Nachbarn, Medikamente können pünktlich verabreicht werden. Katzen mit Handicap können in Sicherheit die Außenwelt erleben. Pools ohne Ausstieg sind kein Schrecken mehr, Giftköder auch nicht. Welche der genannten Formen ihr auch umsetzt, es wird eine Bereicherung für eure Katze sein und hoffentlich zu einem ausgeglicheneren Gemüt führen.

Pflegestelle – Zuhause auf Zeit

 *In diesem Buch geht es ja um Katzen und die Katzenhilfe Bocholt e.V., aber dieses Kapitel meint alle Tiere – auch Hunde, Kleintiere, Vögel, Reptilien, Fische … einfach alle, die Hilfe brauchen.*

„Wir können Ihr Tier leider nicht aufnehmen, unsere Pflegestellen sind gerade alle voll." Eine Aussage, die Tierschützer nicht gern von sich geben, es aber immer öfter tun müssen. Denn die Zahl von Abgabe- und Fundtieren steigt, die der Pflegestellen aber nicht in gleichem Maße.

Etliche Tierschutzvereine haben keine eigens dafür eingerichteten Tierheime, sie arbeiten ausschließlich mit Pflegestellen in Privathaushalten. Und deren Kapazitäten sind begrenzt. Andernorts gibt es zwar das klassische Tierheim, doch besondere Einzelschicksale brauchen eine andere Form der Betreuung.

Hier einige Beispiele:

- mutterlose Jungtiere, die in regelmäßigen Abständen, auch nachts, ihr Fläschchen brauchen

- tierische Patienten, deren Heilungsprozess im ruhigen Privat-Umfeld bessere Fortschritte macht und die dort besser überwacht werden können

- Sensibelchen, die im lauten, stressigen Tierheimalltag leiden und sich dort eher zurückziehen oder sogar aufgeben würden

- hochträchtige Weibchen, deren Geburtsvorgang und Aufzucht ihrer Jungen man auf einer Pflegestelle besser unterstützen kann

- nicht ausreichend zahme/sozialisierte Tiere, die noch den Lebensbereich „Haus" kennenlernen müssen, bevor sie für eine Vermittlung geeignet sind

- traumatisierte und ängstliche Tiere, die das Vertrauen zum Menschen erst wieder aufbauen müssen

- Fundtiere oder alte Tiere, die aufgrund ihrer schlechten Konstitution „gepäppelt" werden müssen

- Wildtiere oder solche, die im Tierheim nicht artgerecht untergebracht werden können, zum Beispiel Reptilien und Exoten

Besonders im letzten Fall gilt die Pflegestelle als spezialisierter Außenposten. Dort weiß man dem aus dem Nest gefallenen Vogelkind die richtige Nahrung zu geben und hat für die unterkühlte Schildkröte eine Wärmelampe parat.

Heißt es aber „Leider ist alles voll", dann bedeutet dies meist, dass einem Tier mangels Unterbringungsmöglichkeit nicht geholfen werden kann. Oder, schlimmer, dass ein ungeduldiger Tierbesitzer sich eventuell dazu entscheidet, sich seiner Verantwortung auf drastischere Weise zu entledigen.

Es passiert gar nicht so selten, dass ein gestern vom Tierheim abgelehntes Tier heute von jemandem als Fund gebracht wird. Wir alle kennen die Geschichten von Welpen im Karton neben der Mülltonne, vom auf der Raststätte angebundenen Hund und von der Katze, die samt Box und Zubehör direkt vor dem Tierheim abgestellt wird. Die Liste ließe sich noch lang fortsetzen.

Darum jetzt der Aufruf: Bitte werde Pflegestelle!

Die Voraussetzungen dafür sind nicht viel anders als wolltest du ein Tier fest adoptieren. Zuallererst solltest du ein grundsätzlich tierlieber Mensch sein und helfen wollen. Lebst du in einer familiären Situation, sollten deine Lieben ebenfalls hinter diesem Entschluss stehen und mitmachen wollen.

Überlege, ob es eine bestimmt Tierart sein muss oder ob du verschiedene „könntest". Erkundige dich bei den Tierschutzorganisationen in deinem Umkreis, wo man zusätzliche Pflegestellen benötigt. Nutze das Internet. Es gibt spezielle Websites oder FB-Gruppen, die über dieses Thema informieren, auch Suchmeldungen nach Pflegestellen werden über diesen Weg verbreitet. Oft geht es dabei um bestimmte Tiere, die aus den verschiedensten Gründen möglichst schnell Hilfe brauchen, bevor sie in ein endgültiges Zuhause ziehen. Wäge ab, welche Hilfe du anbieten kannst und willst.

Weitere Fragen, die vorab geklärt werden sollten:

- Hast du sowohl die Zeit als auch den Platz, ein Pflegetier (oder mehrere) aufzunehmen?

- Bist du bereit zur Kommunikation mit dem Verein bezüglich der Pflegeorganisation, Fütterung, auch Treffen mit Interessenten?

- Verfügst du bereits über ausreichend Erfahrung über die Sorte Tier, die du betreuen willst?

- Bist du mobil und zeitlich flexibel für eventuelle Fahrten zum Tierarzt?

- Kannst du deinen Pflegling dann für eine Vermittlung loslassen?

Es gibt auch die „Pflegestelle mit Option zur Übernahme". Oder, wenn es eigentlich gar nicht geplant war, den sogenannten „Pflegestellenversager". In dem Fall hast du deinen Pflegling so liebgewonnen, dass du ihn nicht mehr hergeben willst. Das ist einerseits schön, weil das betreffende Tier bei dir dauerhaft gut unterkommt, andererseits aber auch nicht, weil du dann eventuell kein weiteres aufnimmst und somit als Pflegestelle ausfällst. So oder so wäre es aber für deinen Pflegling eine Form der Unterstützung.

Oft werden dringend Endpflegestellen (auch Gnadenplätze genannt) oder Dauerpflegestellen gesucht. Ersteres für Tiere, die aufgrund einer schweren Erkrankung oder des hohen Alters nur noch wenige Wochen oder Monate zu leben haben und ihre letzte Zeit in Ruhe und mit Würde erleben sollen. Dauerpflegestellen brauchen jene Tiere, die wegen chronischer Krankheit, Unverträglichkeit mit Artgenossen oder anderer Gründe leider nicht vermittelt werden können. Dann hast du ein Tier dauerhaft bei dir, und du wirst bei den Kosten für Futter und Tierarzt vom Verein unterstützt.

Noch ein paar Gedanken zur Unterbringung, denn wir wohnen alle unterschiedlich. Wo es möglich ist, richten manche Pflegestellen gern ein ganzes Zimmer dafür ein. Katzen werden es toll finden, einen Abenteuerparcours voller Kratzbäume zu haben, plus Menschenkontakt und Streicheleinheiten. Auch für Vögel und Kleintiere lässt sich auf diese Weise genug Raum für eine artgerechte Haltung bereitstellen (an der die Interessenten sich ein Beispiel nehmen können).

Wer einen großen Garten hat und handwerklich geschickt ist, mag vielleicht ein paar Gehege bauen und untergewichtigen Igeln über den Winter helfen. Ein Gartenhäuschen, ein warmer Keller oder ein gut isolierter Dachboden sind ebenfalls Platzreserven, die sich für eine Pflegestelle nutzen lassen.

Doch es geht auch in kleineren Dimensionen. Die kleine Zweizimmerwohnung genügt der alten Katze, deren Frauchen plötzlich verstorben ist und die niemand aus der Familie übernehmen will. Denn mehr als zwei Zimmer kannte sie vielleicht vorher auch nicht. Jetzt aber hat sie alles verloren. Sie braucht nicht viel Platz, sie braucht nur Versorgung und liebevolle Zuwendung. Mit anderen Worten – sie braucht dich.

Also: Bitte denk drüber nach. Und wenn du jetzt noch nicht kannst, dann vielleicht später. Pflegestellen werden immer gebraucht.

Eine Katze zieht ein, und sie braucht erst mal Zeit, um anzukommen.
Du brauchst Geduld, um ihr diese Zeit geben zu können.
Die magische Drei hilft euch dabei.

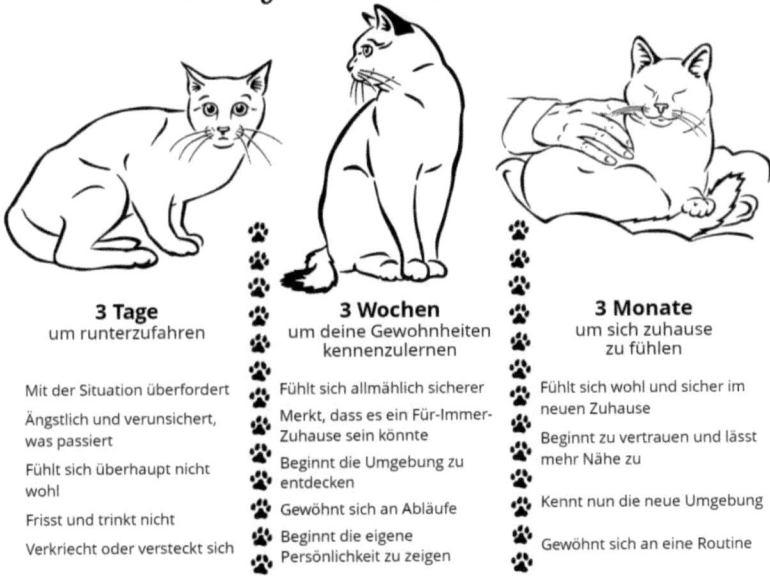

3 Tage
um runterzufahren

Mit der Situation überfordert

Ängstlich und verunsichert, was passiert

Fühlt sich überhaupt nicht wohl

Frisst und trinkt nicht

Verkriecht oder versteckt sich

3 Wochen
um deine Gewohnheiten kennenzulernen

Fühlt sich allmählich sicherer

Merkt, dass es ein Für-Immer-Zuhause sein könnte

Beginnt die Umgebung zu entdecken

Gewöhnt sich an Abläufe

Beginnt die eigene Persönlichkeit zu zeigen

3 Monate
um sich zuhause zu fühlen

Fühlt sich wohl und sicher im neuen Zuhause

Beginnt zu vertrauen und lässt mehr Nähe zu

Kennt nun die neue Umgebung

Gewöhnt sich an eine Routine

Umzug mit Katzen

Alle Katzen lieben Kartons! Aber gefällt es ihnen auch, wenn der ganze Hausrat plötzlich darin verschwindet? Kommt drauf an.

Ich musste noch nie umziehen. Aber wenn das mal nötig sein sollte, werde ich bestimmt auch gern beim Einpacken helfen.

Es heißt ja häufig, dass Katzen mehr an ihrer Umgebung oder an ihrem Wohnort hängen als an ihren Menschen. Inzwischen weiß man, dass das nicht allgemeingültig ist. Trotzdem dürfte es für die meisten Katzen ein beunruhigendes Erlebnis sein, wenn ein Umzug ansteht. Und von den Freigängern hört man doch immer wieder, dass sie zur vorherigen Adresse zurückgekehrt sind.

Am Beispiel eines Umzugs, den ich mit zwei (Wohnungs-)Katzen gemacht habe, möchte ich ein paar Anregungen geben, wie ihnen das Ganze erleichtert werden kann.

Ich wäre nicht gern noch länger dort wohnen geblieben – aus einer großen Wohnung hatte ich in diese kleine ziehen müssen und war nicht wirklich glücklich dort. Umso mehr freute ich mich auf den Umzug in ein paar Quadratmeter mehr und vor allem auf die gut geschnittene Küche und das Bad mit Tageslicht. Auch die Katzen würden davon profitieren, es gab Fenster mit interessantem Ausblick in Baumwipfel.

Zu der Zeit wohnte ich mit EKH-Kater Robin und Angorakatze Inci zusammen, beide recht entspannt, aber auch sensibel. Um uns allen den Prozess möglichst stressfrei zu gestalten, überlegte ich mir eine Strategie und Renovierungsabfolge, die unterstützend wirken sollte.

Die Kündigung war geschrieben, der neue Mietvertrag unterzeichnet, der gesteckte Zeitrahmen war also klar. In den neuen vier Wänden waren allerhand Renovierungsarbeiten zu machen, die ich auf einer Prioritätenliste festhielt. Das Schlafzimmer musste zuallererst fertig sein.

In der alten Wohnung packte ich schon ein, was hier nicht mehr gebraucht wurde, und ich machte für die Katzen ein Spiel daraus. Sie sollten die Änderung des gewohnten Tagesablaufes als Bereicherung und Spaß erleben. Aus vollen Kartons, die auf ihren Abtransport warten konnten, baute ich eine Burg, andere brachte ich schon in die neue Wohnung (die nicht weit entfernt lag) und deponierte sie dort im fertigen Schlafzimmer.

So liefen Renovierung und Einpacken für die nächsten paar Wochen parallel, es war also nicht eine große Hauruck-Aktion (für die ich auch kaum die Energie aufgebracht hätte, denn gleichzeitig ging ich auch noch arbeiten).

Praktischerweise musste ich ein paar Möbel neu kaufen, darunter ein Bett. Ich ließ es direkt zur neuen Adresse liefern und baute es im Schlafzimmer auf. Jedes Mal, wenn ich dorthin fuhr, nahm ich schon ein bisschen Eingepacktes mit, sodass dieser Raum allmählich recht wohnlich wurde. Dann nahte das Umzugswochenende, es wurde ernst.

Donnerstag, Bestandsaufnahme: Alle Zimmer bereit, ebenfalls der Keller. Die Küche war ein Second-Hand-Kauf und schon komplett eingebaut, im großen Flur stand der neue große Kleiderschrank und wartete darauf, gefüllt zu werden. Zerbrechliches hatte ich in einer stabilen Box schon selbst hertransportiert und in einer Ecke des Schlafzimmers sicher verwahrt.

Jetzt musste im bisherigen Zuhause der restliche Abbau erfolgen, und dazu brauchte ich dort freie Bahn. Die Katzen hatten es bei all dem Spielen hoffentlich nicht bemerkt, dass ich einen ihrer Kratzbäume und eins der Klos schon mitgenommen hatte. Ungewöhnliche Ausstattung für ein Schlafzimmer, aber das würde ja nur vorübergehend sein. Alle wichtigen Katzensachen waren hier, auch für mich hatte ich eine Art Wochenend-Köfferchen gepackt. Heute würden wir die erste Nacht hier verbringen.

Die Fahrt war kurz, es gab kein Gejammer. Offenbar befürchtete niemand, dass es zum Tierarzt gehen könnte. Als Robin und Inci aus ihrer Transportbox in das neu eingerichtete Schlafzimmer schauten, konnten sie sofort vertraute Gegenstände und Gerüche erkennen.

An dem Abend passierte nicht mehr viel. Wir spielten, es gab wie gewohnt Futter, hin und wieder verließ ich das Zimmer, doch die Tür blieb für die Katzen verschlossen. Das Klo wurde anstandslos benutzt (musste ich eben mal aushalten). In der Nacht kamen beide zu mir in das neue Bett.

Freitag, heute Sonderurlaub. Den morgendlichen Ablauf gestaltete ich wie immer, die Katzen akzeptierten ihr Frühstück ohne Genörgel. Dann ließ ich sie im Zimmer allein und war die nächsten Stunden damit beschäftigt, in der alten Wohnung alles zu demontieren und für den Umzug am nächsten Tag vorzubereiten. Ein- oder zweimal brachte ich Sachen mit dem PKW rüber, sodass die Katzen eine geschäftige Geräuschkulisse außerhalb ihrer Schlafzimmerwelt hatten, die sie aber nicht weiter betraf.

Wenn ich nach ihnen sah, zeigten sie auch keine Anzeichen von Unwohlsein. Im Gegenteil – Robin sah mich von seinem Kissenthron herab an, als wollte er sagen: „Nett, dass du vorbeischaust, aber wir würden gern weiterschlafen." Die Nacht zum Samstag verlief wie die vorherige, alles blieb entspannt.

Samstag, Umzugstag. Der Morgen begann wie gewohnt, nur früher. Auf die Schlafzimmertür klebte ich von außen einen großen Zettel, dass sie von niemandem geöffnet werden sollte. Mit meinem Helfertrupp konnte ich alle Möbel, Kartons und sonstigen Dinge herüberholen und auf die anderen Zimmer und den Keller verteilen.

Während einer Pause, in der es relativ ruhig war, sah ich nach den Katzen und bot ihnen etwas Futter an. Sie fraßen mit Appetit, ließen sich zu einem kurzen Spiel auffordern und machten einen neugierigen Hals, als ich wieder wegging. Bestimmt wollten sie wissen, was sich da außerhalb abspielte.

Bis zum Abend war die Wohnung in brauchbarem Zustand. Ich überprüfte noch einmal alle Räume auf Sicherheit. Noch waren etliche Kartons auszupacken, aber das eilte nicht, daraus würde ich wieder ein Spielabenteuer für Robin und Inci machen. Für heute war es genug, der Tag durfte ruhig ausklingen.

Spät in der Nacht, als ich vom Badezimmer zurückkam, ließ ich die Schlafzimmertür angelehnt. Beide Katzen waren im Bett liegengeblieben, aber fünf Minuten später im Dunkeln hörte ich, wie Robin auf den Boden sprang.

Anderntags konnte ich sehen, dass mein Kater in der nächtlichen Stille die ganze Wohnung erkundet hatte. Die Schale mit dem Trockenfutter in der Küche war leer, das Katzenklo im Badezimmer wies Pfotenspuren auf. Der Pizzakarton im Wohnzimmer, auf dem ein paar aussortierte Paprikastreifen gelegen hatten, war wie leergefegt.

Ab sofort waren die Katzen hier zuhause und genossen es. Mit dieser Methode, einen sicheren Raum mit vertrautem Mobiliar zu schaffen, hat Jahre später ein weiterer Umzug bestens funktioniert.

Mit Freigängerkatzen sieht es etwas anders aus. Hier kann ich aus eigener Erfahrung von Missy schreiben, die zu einer Familie meines neuen Domizils gehörte. Die Kleine begrüßte mich oft draußen, wenn ich von der Arbeit kam. Das tat sie auch noch, als ihre Menschen innerhalb des Stadtteils umgezogen waren. Zwar hatten sie Missy mitgenommen, aber sie kehrte immer wieder an ihre alte Adresse zurück, bis schließlich eine der Nachbarinnen sich ihrer annahm.

Wichtig also: Kontakt halten mit den Nachmietern und der ehemaligen Nachbarschaft, damit die kleinen Heimkehrer nicht auf sich gestellt bleiben. Und – das gilt auch für die Wohnungskatzen – einen Chip implantieren lassen und bei einer Suchzentrale wie Tasso oder Findefix registrieren. Ist das schon geschehen, dann zeitnah die neue Wohnadresse dort angeben. Sollte es beim Umzug doch passieren, dass ein Tier entwischt, kann es so schneller zugeordnet werden.

Wo der Wechsel nicht in der näheren Umgebung passiert, kann ein Gehege die vorübergehende Lösung sein (siehe auch ab Seite 169). Bei Adoption eines Freigängers wird ja empfohlen, ihn erst vier bis sechs Wochen in der Wohnung zu behalten, damit er ein Heimatgefühl entwickelt. Gut so. Aber es gibt auch kompromisslose Naturen, die einem vor lauter Frust oder Langeweile die Bude abreißen, unsauber werden oder sogar aggressiv.

Mit einer Möglichkeit zu gesichertem Freigang, wenigstens in den ersten Wochen, kann der Ortswechsel gemildert werden. Auf diese Weise kann die Katze auch die Geräusche und Gerüche der Umgebung kennenlernen und sie mit einem neuen Heimatgefühl verbinden. Für den Menschen ist das die Zeit, sich sozusagen mit Katzenaugen umzusehen und mögliche Gefahren, Verstecke, Beobachtungsposten auszumachen.

Wenn dann eines Tages die Tür geöffnet wird, bleibt trotzdem ein Rest Ungewissheit, ob der kleine Freigeist zurückkehrt oder sein altes Revier so sehr vermisst, dass er abwandert.

Falls es in den sozialen Medien eine örtliche Katzengruppe gibt, kann es jedenfalls nicht schaden, sich dort vorzustellen und die Nachbarn darauf hinzuweisen, dass der Neue ein Heim hat und kein Streuner ist.

Es gibt noch viele Tipps mehr, wie ein Umzug mit Katzen (oder allgemein mit Haustieren) am besten durchzuführen ist. Meine Methode wird nicht auf alle Umzüge anwendbar sein, jeder hat seine bestimmten Anforderungen. Die Alternative wäre vielleicht jemand in der Familie oder im Freundeskreis, eine Katzenpension, wo die Stubentiger „zwischengeparkt" werden können.

Manche Leute schwören auf Pheromone, die entspannend wirken und den Umzugsvorgang auf diese Weise unterstützen sollen. Wir hatten so etwas nicht im Einsatz, aber wer seine Katzen kennt und bereits weiß, dass sie gut darauf ansprechen, sollte ruhig darauf zurückgreifen.

Eine Stressminderung auf homöopathische Weise versprechen Bachblüten. Ich habe stets ein Fläschchen Rescue-Tropfen parat, für alle Fälle. Auch hierfür gilt: Es kommt auf das Nervenkostüm der Katzen an.

Auf der nächsten Seite findet ihr als Orientierungshilfe eine Checkliste, die mehrere Alternativen berücksichtigt. Ihr kennt eure Miezen am besten und wisst, was sie brauchen.

Checkliste für einen Umzug mit Katze

Rechtzeitig vorher

☐ Katze an die Transportbox und eventuell Geschirr gewöhnen

☐ Katze chippen lassen und (selbst) bei Tasso/Findefix registrieren

☐ Ausreichenden Vorrat an Futter, Leckerlis und Katzenstreu einkaufen

☐ Rücksprache mit Tierarzt, ob Beruhigungsmittel nötig sind

☐ Vorrat notwendiger Medikamente mit Details zu Einnahme und Dosierung

☐ Mit neuem Vermieter klären, welche Sicherungsmaßnahmen erlaubt sind

☐ Als Plan B Informationen über Catsitter einholen, Termin besprechen

Kurz vorher

☐ Kontaktdaten des (neuen) Tierarztes bereitlegen

☐ Im neuen Heim einen verschließbaren Raum zur Ankunft vorbereiten

☐ Kritische Prüfung, ob alle möglichen Fluchtwege versperrt sind

☐ Medizin-Set mit Pflaster und Salbe gegen Kratzer, für den Notfall

Umzug

☐ Alles Katzenzubehör leicht zugänglich in separatem Karton transportieren

☐ Bei längerer Fahrt Pausen einlegen, die Katze fressen und trinken lassen

☐ Im Katzenzimmer nur vertraute Dinge stellen und viele Verstecke anbieten

☐ Futter und Wasser in den gewohnten Näpfen servieren

☐ Im Katzenklo ein Teil bereits gebrauchte Streu verwenden

☐ Pflanzen lieber erst auf die anderen Zimmer verteilen

Danach

☐ Freigängern für die nächste Zeit das Leben im Haus interessant machen

☐ Allgemein alles in Ruhe angehen lassen, Gemütlichkeit schaffen

☐ Gewohnte Rituale nach Möglichkeit im neuen Heim fortführen

☐ Neues Katzenzubehör nur nach und nach hinzufügen/austauschen

☐ Nötige Umräumaktionen nur ein Teil nach dem anderen

☐ Vorstellung beim neuen Tierarzt zum allgemeinen Gesundheits-Check

☐ Nach vier bis sechs Wochen Freigang anbieten, anfangs in Begleitung

☐ Kontakt zu neuen und alten Nachbarn herstellen

☐ In die örtliche FB-Katzengruppe eintreten

☐ Bei Tasso/Findefix die Adresse ummelden

☐ Für eine eventuell nötige Suche aktuelle Fotos der Katze bereithalten

Eigene Notizen, Besonderheiten

☐ _____

☐ _____

☐ _____

☐ _____

☐ _____

☐ _____

☐ _____

 *Neue Ideen für Gestaltung, diesmal mit Schriftbildern. Denn wer Katzen liebt, spricht – oder in diesem Fall schreibt – drüber.*
Für den Mehrkatzenhaushalt ist dieses Motiv vielleicht ein passendes Türschild? Eine Grußkarte? Bestimmt fällt euch noch mehr dazu ein.

Katzen sind dafür bekannt, dass sie gern gemütlich liegen und ein Schläfchen halten. Manche so wie ich, auf dem Rücken und alle Viere in der Luft, andere klein eingerollt.

Richtet eurer Katze doch mit ein paar Kissen ihren Lieblingsplatz ein und markiert ihn mit diesem Hinweisbild.

189

Wir balancieren mit schlafwandlerischer Sicherheit über die schmalsten Stege. Niemand kann sich geschmeidiger, graziöser bewegen als eine Katze.

Ist mir völlig schleierhaft, wie doch hin und wieder was zu Bruch gehen kann. Bestimmt gibt es so was wie einen Küchen-Klabautermann, der dafür verantwortlich ist.

Wir Katzen jedenfalls nicht.

Kreatives für die Katz'

Nach insgesamt neun Ausmalbildern habt ihr jetzt vielleicht Lust bekommen, einen Schritt weiter zu gehen und euer eigenes Motiv zu erstellen.

Wie wäre es mit einem selbstgemalten oder gezeichneten Bild der eigenen Katze? Ihr fürchtet, ihr habt kein Talent dafür? Keine Sorge, so schwer ist das nicht. In dieser Anleitung wird beschrieben, wie ihr mit entsprechender Vorbereitung zu einem zufriedenstellenden Ergebnis kommt.

Zuallererst: Sucht ein Foto eurer Katze aus, welches ihr in eine Zeichnung umsetzen wollt. Es sollte scharf und gut belichtet sein, damit alle Details deutlich erkennbar sind.

Wer im Zeichnen ungeübt ist, wird sich wahrscheinlich besonders schwertun, die Proportionen exakt hinzukriegen. Damit dies zuverlässig klappt, bereiten wir uns ein Hilfsmittel vor: Die Rasterfolie.

Auf einem Stück nicht zu dünner Klarsichtfolie zeichnet ihr mit Lineal und Permanent-Fineliner ein Raster aus quadratischen Kästchen. Es sollte die Katze auf eurem Foto umschließen, siehe Abbildung.

Tipp: Druckt das Foto in DIN A4 aus und steckt es in eine Klarsichthülle. So kann es nicht verrutschen. Auf die Hülle könnt ihr mit dem Fineliner direkt die Rasterkästchen zeichnen. Dabei gilt: Je kleiner die Kästchen, desto einfacher eine genaue Übertragung. 3x3 cm wäre hierbei dann eine gute Größe.

Eurem künstlerischen Geschmack ist es überlassen, mit welchen Farben und in welcher Technik ihr das Bild ausführen wollt. Die Auswahl ist groß, manche sind schwieriger als andere und erfordern mehr Übung (und diese Liste keineswegs vollständig):

- Bleistift, Kohlestift	Strukturpapier
- Buntstifte	Strukturpapier
- Filzstifte	glatt und saugfähig
- Kugelschreiber	glattes Papier
- Tusche, Tinte (Federzeichnung)	glattes Papier
- Gouache, Aquarellfarben	Block mit Kantenleimung
- Acrylfarben	Keilrahmen, Malpappe, Holz

Die gewählte Technik bestimmt, auf welchem Papier oder Untergrund es sich am besten arbeiten lässt. Macht erst eine Probe, um sicher zu sein, dass die Materialien miteinander harmonieren. Es wäre doch frustrierend, nach der akkuraten Vorarbeit sonst feststellen zu müssen, dass man gerade etwas für den Papierkorb produziert.

Auf eurem Malgrund zeichnet dann mit weichem Bleistift die gleiche Anzahl Rasterkästchen. Ist das Format größer als das Foto bzw. wollt ihr die Katze vergrößert zeichnen, nehmt für die Quadrate eine entsprechend größere Seitenlänge, zum Beispiel 4x4 oder 5x5 Zentimeter.

Übertragt nun, ebenfalls mit Bleistift, die Umrisslinien auf euer Papier. Die Rasterkästchen helfen euch dabei, dass die Proportionen genau erhalten bleiben. Nach Fertigstellen der Vorzeichnung könnt ihr die Rasterlinien vorsichtig wegradieren, sie haben ihren Zweck erfüllt.

Diese Vorbereitung braucht zwar ein wenig, aber der Aufwand lohnt sich. Und die Rasterfolie könnt ihr für andere Malprojekte wiederverwenden, sie ist ein nützliches Helferlein.

Und dann – los geht's! Arbeitet euch durchs Motiv, achtet auf Fellstruktur, auf Licht und Schatten. Es ist auch nicht verkehrt, das Bild farblich zu verfremden, den Hintergrund zu verändern oder das Motiv auf einfache Linien zu beschränken. Dies ist der kreative Teil, der ganz euch gehört.

Viel Spaß damit!

Und hier noch ein anderes Projekt!

Leute, die ein Faible für Schriften haben, werden vielleicht an diesem Vorschlag Gefallen finden: Ein individueller Namensschriftzug – er macht sich zum Beispiel gut als Stickerei auf dem Lieblingskissen der Katze. Wer für Handarbeiten nichts übrig hat, bringt den Namen mit Stoffmalfarbe auf. Eingescannt und im Computer verarbeitet lässt er sich noch für vieles mehr einsetzen.

Natürlich kann man es sich auch einfach machen und auf die Schriften zurückgreifen, die der Computer schon zur Verfügung stellt oder die auf entsprechenden Webseiten zum Download angeboten werden.

Aber hier geht es um Kreativität und persönlichen Stil, also machen wir das selbst. Als Beispiel nehme ich den Namen unseres lieben Kommentators: Kater Raggi. Eigentlich heißt er ja Ragnar ... das bringen wir auch unter, in einer Kombination aus beidem.

Die eine Namensform erscheint in hohen, schmalen Groß-
buchstaben. Weil „RAGNAR" an einen Wikinger erinnert, habe
ich sie ähnlich wie Runen gestaltet.

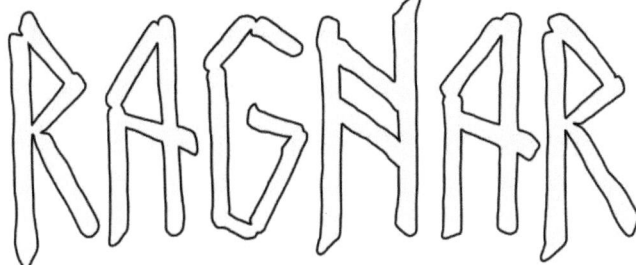

Quer dazu verläuft der Name in weiter Schreibschrift, das
erzeugt einen dekorativen Kontrast.

Wenn ihr den Namen eurer Katze gestaltet, schreibt die
zwei Versionen am besten einzeln auf Folie oder Butterbrot-
papier, sodass sich die Schriftzüge übereinander schieben lassen. Auf diese Weise könnt ihr besser kontrollieren, wie sie einander ergänzen.

In Kombination sieht das Ganze dann so aus:

Damit jede Namensform für sich gut lesbar ist, sollten sie
verschiedene Farben haben, die in gutem Kontrast zueinander
stehen. Eine schöne Spielerei, die am Computer mit ein paar
Klicks erledigt ist.

Eine andere Möglichkeit, die sich gut für kurze Namen eignet, ist das Einbetten in eine Kreisform. Da nehme ich als Beispiel meinen Kater Taki. Der Schriftzug ist kräftig und kantig, der Hintergrund wird mit einer dazu passenden Linienstruktur, die an Fell erinnert, ausgefüllt.

Das geht natürlich auch verspielter und mit Schnörkeln, Blümchen, Sternen ... ihr könnt einfach drauflos fantasieren. Diese beiden Namen gehören zwar zu Hunden, aber es geht ja nur um die Optik.

So ein Motiv könnte man auf eine kleine gelochte Plakette gravieren (lassen). Statt an einem Halsband kann sie ja am Schlüssel hängen, oder an der Handtasche. Probiert auch aus, ob euch Quadrate, Rechtecke, Herz- und Blumenformen oder die Silhouette eines Katzenkopfes besser gefallen.

Ein für Katze oder Hund personalisiertes Kissen oder eine Kuscheldecke sind auch schöne Geschenke für liebe Freunde, die eure Arbeit zu schätzen wissen.

Des Katzenlebens goldener Herbst

Ab wann gelten Katzen als alt? Das ist individuell ganz unterschiedlich. Dank guten Futters und medizinischer Versorgung können unsere Lieblinge heutzutage eine stattliche Jahreszahl erreichen, oft bis nah an die zwanzig oder sogar darüber hinaus. Wenn sie auf ihren letzten Lebensabschnitt zusteuern, zeigen sie uns das meist selbst.

Eines Tages wird uns also bewusst, dass sich etwas verändert hat. Wir sehen unsere Katze an und denken vielleicht: „Du meine Güte, wird sie jetzt etwa alt?" Auch wenn die Mieze schon als Kitten eingezogen ist, müssen wir uns eingestehen, dass wir ihr nun den Beinamen „Oma" geben könnten. Oder „Opa", ganz nach Erfordernis. Wir müssen uns klarmachen, dass diese Veränderung nicht rückgängig zu machen ist und dass wir weiterhin in der Verantwortung stehen, dass es unserem Tier gut geht.

Um es den Katzensenioren möglichst nett zu machen und sie im Herbst ihres Lebens hilfreich zu begleiten, braucht es vielleicht ein paar Anpassungen im Zusammenleben. Die nachfolgenden Punkte erheben keinen Anspruch auf Vollständigkeit und schlagen nur eine Richtung vor.

Medizinischer Check Wartet nicht, bis sich irgendwelche Zipperlein bemerkbar machen, sondern lasst vorsorglich ein allgemeines Check Up beim Tierarzt durchführen, auch mit Blutuntersuchung, um beispielsweise über die Nierenwerte informiert zu sein. Denn wird eine Erkrankung in frühem Stadium erkannt, lässt sich mit Medikamenten, Homöopathie und Futterumstellung noch vieles in Grenzen halten.

Zahngesundheit Schlechte Zähne können einen ganz eigenen Problemkreis verursachen. Auch hier sollte der Tierarzt einen prüfenden Blick darauf werfen, vielleicht wird es sogar nötig sein, ein paar unrettbare Beißerchen zu ziehen.

Körperpflege Die alten Knochen wollen nicht mehr so, die jugendliche Beweglichkeit ist dahin. So sind einige zu putzende Körperstellen nur noch mit Mühe (oder gar nicht mehr) zu erreichen. Helft eurer alten Mieze mit Kamm, Bürste und Waschlappen. Fühlt nach Knoten im Fell, schaut in die Ohren und sorgt dafür, dass die nicht mehr so akribisch gewetzten Krallen nicht in die Ballen einwachsen. Es gibt spezielle Pflegemittel und Zangen, lasst euch im Fachgeschäft beraten. Besitzer von Langhaarkatzen sind mit der Prozedur bereits vertraut, beim Oldie müssen sie wahrscheinlich ein bisschen öfter ran.

Mobilität Wilde Spiele haben ihren Reiz verloren, die Muskulatur baut ab, die Seniorkatze ermüdet schneller und wird eher zum Beobachter. Passt eure Spielangebote dem an und bietet ihr lieber etwas an, um den Geist in Bewegung zu halten. Eine Grabbelkiste mit (geruchsintensiven) Leckerchen oder Clickertraining sorgt für neues Interesse.

Alte Katzen mit Lähmungserscheinungen, die aber noch viel Lebenswillen zeigen, können mit einem Rolli wieder ans Laufen kommen. Es lohnt sich, darüber mehr Informationen einzuholen.

Bequemlichkeit Die Ruhepausen und längere Schlafphasen genießt die alte Katze auf besonders bequemen Unterlagen. Ihre Bettchen und Liegeflächen sollten sich nicht zu weit oben befinden, sodass ein Sprung nicht nötig ist, oder über einen Stufenbau zu erreichen sein. Ein stabiler Rand schützt sie davor, im Schlaf herunterzufallen (Verletzungsgefahr – ist Taki leider passiert, er klemmte sich einen Nerv ein).

Warme Plätze an der Heizung oder beim Kamin können mit extra Kissen ausgestattet werden. Oder wir legen ein erwärmtes Körnerkissen (wahlweise eine Wärmflasche) unter den Lieblings-liegeplatz. Achtung: Die Katze soll nicht direkt darauf liegen, das wird doch zu heiß. Besonders körperfreundlich und als von sich aus warm empfunden sind Kissen, deren Inlett mit Styroporkü-gelchen gefüllt ist. Gibt es ein Malheur: Waschbare Bezüge zum Wechseln vervollständigen die Ausstattung.

Möblierung Sollten die Augen nicht mehr so scharf sein wie früher, oder sollte die Katze ganz erblinden, wird sie sich ihre ge-wohnte Umgebung noch gut ertasten. Damit sie sich weiterhin sicher bewegen kann, verzichtet lieber auf Umräumaktionen.

Hygiene Der Toilettengang sollte nicht zum Hindernispar-cours werden. Beobachtet, ob eure alte Katze den Rand noch mühelos übersteigt oder ob sich ein Klo-Modell mit niedrigerem Rand besser eignen würde. Wo ihr alles zu beschwerlich wird, kann ein flaches Tablett mit Inkontinenzunterlage darauf die Lö-sung sein. Achtet auch darauf, dass genug Toiletten zur Verfü-gung stehen, sodass immer schnell eine erreichbar ist.

Fütterung Je nach Ergebnis des tierärztliches Checks wird euch vielleicht geraten, das Futter umzustellen. Auch falls nicht, kann öfter mal die Sorte „XY senior" in den Napf. Allgemein ist es oft so, dass der Geruchs- und Geschmackssinn schwächer wird, dann scheint selbst das Lieblingsfutter nach Pappe zu schme-cken. Bei erhöhten Nierenwerten gebt eurer alten Katze entspre-chendes Spezialfutter, das entlastet den Stoffwechsel.

Flüssigkeit Es ist nicht nur bei Menschen so, dass sie im Alter meist zu wenig trinken. Und da genügt es auch nicht, das Wasser einfach bereitzustellen. Damit unsere alte Katze genug Flüssig-keit zu sich nimmt, kann man ihr zum Beispiel Katzendrinks mit Geschmack anbieten. Oder man rührt einen Esslöffel Wasser mit unters Feuchtfutter. Vielleicht fühlt sie sich durch einen kleinen Trinkbrunnen angeregt. Die Menge an Trockenfutter dagegen sollte reduziert werden, das sorgt für einen gewissen Ausgleich.

Verhalten Eigentlich sollte nicht extra darauf hingewiesen werden müssen, aber es sei hier trotzdem erwähnt: Bitte habt Verständnis. Irgendwann kommt eure Katze nicht mehr sofort angelaufen, wenn ihr sie ruft. Doch das bedeutet nicht, dass sie euch ignoriert. Sie versteht nicht, warum die Welt um sie herum immer stiller wird, wenn das Gehör allmählich nachlässt. Oder sie müsste dringend aufs Klo, erinnert sich aber nicht mehr, wo das zu finden ist. Dann ruft sie um Hilfe. Die alte Katze will ihre Menschen nicht ärgern, sie kann vielleicht nur nicht mehr anders. Möglicherweise erkennt sie auch euch eines Tages nicht mehr (Demenz kommt nicht nur bei Menschen vor) und ist angewiesen auf eure liebevolle Betreuung.

Alte Katzen haben Lebensqualität und Lebenswillen. Ja, sie mögen uns stur, kauzig und gleichzeitig liebenswert erscheinen. Doch darum lohnt es sich auch, ein älteres Tier zu adoptieren. Es kann bei euch noch einmal richtig aufblühen, und eure gemeinsame Zeit wird unvergesslich sein.

Ich bin ja noch ein junger Hüpfer, stark und fit und unbesiegbar. Ich weiß aber auch, dass meine Menschen-Mama sich später um mich kümmern wird.

Hat euch das Buch gefallen? Mir hat die Mitarbeit daran viel Spaß gemacht.

Tschüsschen Küsschen

Euer Raggi

Jubiläum
10 Jahre
Katzenhilfe Bocholt e.V.

Wir können es selbst kaum glauben, aber in diesem Jahr haben wir unser 10-jähriges Bestehen als eingetragener, gemeinnütziger Verein gefeiert.

Aktiv im Katzenschutz tätig sind wir bereits seit 2012. Ende 2013 wurde unsere Satzung erstellt, und im April 2014 folgte dann die rechtskräftige Eintragung ins Vereinsregister.

Ein Blick zurück zeigt: Wir konnten bis jetzt über 1500 Katzen kastrieren. Und wir haben ca. 600 Straßenkatzen aufgenommen und in menschliche Hände vermittelt.

Zu vielen der Adoptiveltern haben wir immer noch herzlichen Kontakt. Dafür danken wir euch.

Manchmal gingen Vermittlungen schief. Leider wurden wir auch von Menschen, denen wir unsere Katzen anvertraut haben, bitter enttäuscht.

Aber die glücklichen Vermittlungen überwiegen, und deshalb machen wir weiter.

Auf die nächsten 10 Jahre!

Damit wir weiterhin vielen Katzen helfen können, sind wir auf Spenden angewiesen. Futter, medizinische Versorgung, ein neues Gehege ... das alles kostet Geld.

Ihr wollt helfen? Das würde uns sehr freuen. Hier ist der Link dazu:

www.katzenhilfe-bocholt.de/helfen/

Die Autor/innen

Anja Alexandra, 1976 geboren, lebt in Stralsund. Sie ist Grafikdesignerin, Tänzerin und vor allem Katzenmama. 2023 bekam ihr Kater Diabetes, eine machbare aber höchst komplexe Krankheit. Seither engagiert sie sich leidenschaftlich bei „Katzen mit Diabetes" (KmD), wo Menschen im Umgang mit diabetischen Katzen online unterstützt werden.

www.facebook.com/groups/Katzen.mit.Diabetes

Gudrun Bernhagen - 1955 in Berlin geboren, dort auch wohnhaft

- vierzig Jahre als Dipl.-Studienrätin tätig

- mit Eintritt in den Ruhestand endlich Zeit zum Schreiben gefunden

- mehrere Veröffentlichungen: Frischlufttherapie (Kurzgeschichten), Annis Liebesbrief (Erzählung), Wenn sich die Seele reinigt (Tagebuch), Wie ich aus der Hüfte kam (Tagebuch und Erzählungen), Fritz ist doof (Erzählungen), Die blöde Schuberten (Roman), Und ... und ... und kann ich gut (erscheint demnächst als Roman)

Hallo, ich bin **Tanja Birnbaum**, Vorstandsassistentin in einem Chemiekonzern in Wesel und außerdem stolze Tierliebhaberin. Mein Rauhaardackel Sir Henri und meine vier Katzen Lilly, Lotte, Ludwig und Marla halten mich privat auf Trab. Mein verstorbener Seelenkater Peppino bleibt für immer in meinem Herzen.

In meiner Freizeit schreibe ich Trauertexte, richte Wohnungen und Häuser ein und verwandle meinen Garten in ein kleines Paradies. Wenn du mehr von mir und meinem Leben sehen möchtest, folge uns doch auf Instagram unter @henri_das_dackelchen.

Sandra Brock lebt mit Mann (Zitat: „dem besten Ehemann von allen"), zwei Dackeln („Die Spunkse") und einer Gruppe Katzen (zurzeit vier plus zwei Dauerpfleglinge) in Dinslaken am Niederrhein. Sie leitet die Tanzschule „Bodywave" in Wesel und ist Tanzlehrerin aus Leidenschaft, außerdem begeisterte Gärtnerin und Katzenfan seit ihrer Kindheit.

Im Hause Brock befindet sich im Dachgeschoss die Pflegestelle für die Katzenhilfe Bocholt e.V., über ihre Arbeit berichtet Sandra regelmäßig auf Facebook. Ihr Kater Raggi hat mittlerweile eine große Fangemeinde.

Der Link zum Tanzstudio: www.sahela.de

Nadine Buch, 1976 im rheinland-pfälzischen Idar-Oberstein geboren, entdeckte auf dem Weg zum Fachabitur ihre Liebe zum Schreiben. Bisher hat sie Kurzgeschichten bei verschiedenen Verlagen veröffentlicht, zwei Anthologie-Projekte als Mitherausgeberin unterstützt sowie an einem literarischen Adventskalender für Kinder als Co-Autorin mitgewirkt. Seit einigen Jahren ist sie Mitglied bei der Autorengruppe Nahe und wurde 2017 zu einer der Preisträgerinnen des Lotto-Kunstpreises gekürt. Sie ist in einer Tierarztpraxis angestellt und entwirft regelmäßig neue Ideen in unterschiedlichen Genres. Somit durfte sie auch kurzweiligen Lesestoff in einer E-Anthologie der Verlagsgruppe Droemer Knaur unterbringen. Inzwischen hat die Autorin eigene Werke im Selfpublishing veröffentlicht. Darunter eine Novelle und mehrere Kinder- und Jugendbücher. Ihr letztes Projekt war eine Anthologie zum Thema »Tierarztgeschichten«, die sie als Herausgeberin publiziert hat.

www.nadine-buch.de

Alexandra Ditters lebt mit ihrem Mann und zwei Katzen in einem kleinen Häuschen in Wesel. Hauptberuflich arbeitet sie als Assistentin in einem Chemieunternehmen in Wesel.

In ihrer Freizeit ist sie sportlich aktiv, liebevolle Igelpflegestelle, engagierte Ehrenamtlerin im Tierheim Bocholt, leidenschaftliche Gärtnerin und emsige Konfitürenköchin.

Manuela „Nourani Gamal" Ehlert

Gitanjali Escobar Travierso, geboren 1961, wohnt in La Habana, Kuba. Qualitätsmanagerin einer großen Transportfirma und Großmutter mit Herz und Seele. Sie schreibt Lyrik, Songtexte und Geschichten – meist für Kinder, aber manchmal auch für Erwachsene.

Mein Name ist **Michele Evangelista**, ich wurde 1996 in Hamminkeln geboren. Mein Job? Meine Tiere! Seit ich denken kann, sind Tiere mein Leben, was sich bis heute hält. In meiner Freizeit kümmere ich mich um in Not geratene Wildtiere.

Alle Arten von Tieren finden bei uns ein Zuhause, so auch vier Katzen von der Katzenhilfe Bocholt, und wie die mein Leben verändern, könnt ihr selber lesen.

Margit Günster

Bianca Heder „Warum schreibst du eigentlich kein Buch?" Gute Frage. Ja warum eigentlich nicht? Immerhin wohnen wir seit fünfzehn Jahren mit diesen kleinen Fellpopos unter einem Dach und erleben tagtäglich neue Geschichten. Ach, ich habe mich ja noch gar nicht vorgestellt. Mein Name ist Bianca, und ich wohne mit dem besten Ehemann der Welt und aktuell sechs Katzen am Niederrhein. Unsere Freundin Birgit schickte mir die Infos zu diesem Projekt, und mir war sofort klar, da muss ich mitmachen.

Diese kleinen Fellnasen stehlen uns seit 2009 unsere Herzen … und den Platz auf dem Sofa: Einstein, Möhre, Schnute, Hexe, Loki, Stinki, Krümel, Flummi, Bam-Bam und neu dazugekommen Snickers und ihre Tochter Floh. Einstein, unser Erstgeborener, hat leider im Juli 2024 sein letztes Kapitel abgeschlossen. Seine Geschichte ist beendet. Dafür fängt die Geschichte von Snickers und ihrer Tochter jetzt erst an, und Leute, ich könnte euch erzählen …!!

Instagram: mein_leben_als_kratzbaum   TikTok: meinlebenalskratzbaum

Brunhild Hauschild

Natascha Kempers Ich bin 47 Jahre alt, gelernte Industriekauffrau und seit vielen Jahren kaufmännische Angestellte in einem mittelständischen Chemieunternehmen in meiner Heimatstadt Bocholt.

Mein Lebensgefährte und ich leben zusammen mit fünfzehn Katzen, zwei Eseln und zwei Ponys. Wir wohnen sehr ländlich.

2013 gründetet ich zusammen mit meiner Freundin Heike Uebbing und noch einigen anderen lieben Tierfreundinnen die Katzenhilfe Bocholt.

Die Leitung des Vereins neben meiner Vollzeitbeschäftigung lässt nicht mehr viel Zeit für Hobbys zu. Denn einen Tierschutzverein zu führen ist nicht immer eine schöne Aufgabe. Es ist oft stressig, nervig und traurig.

Einen Ausgleich dazu finde ich, wenn ich mit einem spannenden Hörbuch auf den Ohren die Putzarbeiten erledige. Das ist meine Meditation, dabei fahre ich runter und komme mental zur Ruhe.

Und all die kleinen und großen Fellkugeln, die wir retten können, entschädigen uns für die Mühen und Sorgen, die solche Vereinsarbeit mit sich bringt.

Besucht uns auf www.katzenhilfe-bocholt.de oder schreibt uns unter info@katzenhilfe-bocholt.de

Marita Pollex

Ein Paar, eine Leidenschaft – Fantasyliteratur

Christina Pollok und **Paul M. Hermann** erblickten das Licht der Welt 1971 und begegneten sich im Alter von 19 Jahren in einer Dortmunder Diskothek.Eine ihrer gemeinsamen Leidenschaften sind Fantasy- und Science-Fiction-Romane, die sie inzwischen auch selbst schreiben.

Paul M. Hermann veröffentlichte seine ersten beiden Vampirkrimis in den Jahren 2011 und 2013 noch als Selfpublisher. Vier Jahre später wurde er mit dem dritte Band seiner „Blutsauger-undercover-Reihe" Verlagsautor. Sein vierter Roman „Die Nibelungenportale" ist seit Ende September 2024 erhältlich.

Seine Ehefrau Christina Pollok stand ihm bei allen Werken beratend zur Seite. Von ihren Katzen inspiriert, setzte sich an ihr erstes eigenes Projekt und veröffentlichte ihr Kinderbuch „Mit Herz, Horn & Hufen" im Jahr 2018. Weitere Bände folgen.

Mit ihrem gemeinsamen Projekt „Das Lesezelt – Literatur on Tour", welches sie zusammen mit drei weiteren Autorenkolleginnen betreiben, sind sie fester Bestandteil vieler Veranstaltungen und bieten auch anderen Schreiberlingen gern einen Leseslot an. Obendrein organisieren sie, gemeinsam mit der Bücherei in ihrem Heimatort Hohenlimburg, regelmäßig die LennieCon. Eine Mini-Fantasy-Buchmesse mit einem besonderen Gimmick. Cosplayer lassen dort Fantasiefiguren lebendig werden.

Susanne Reijnen

Angelika Ringpfeil aus Duisburg ist sowohl sozial sehr engagiert als auch zum Thema Tierschutz immer ansprechbar. Am liebsten hätte sie einen großen Hof, auf dem sie vielen Tieren ein Zuhause geben könnte. Weitere Interessen sind Musicals und der Spirit der American Natives.

Silke Schäfer Jahrgang 1957, gelernte Grafische Zeichnerin, lebt in Duisburg. Gegen Ende des regulären Arbeitslebens entdeckt sie das Schreiben für sich, und auch im Ruhestand bleibt sie ihrer Liebe zu Bild und Wort treu. Zeichnen und das Verfassen von Kurzgeschichten sind ihr Ausgleich zum Alltag.

Erste Veröffentlichung 2017 in der Weltentor-Anthologie *Fantasy*, Noel-Verlag. 2019 erscheinen zwei eigene Bücher im Themenbereich Fantasy. Tierschutz ist ein weiteres Herzensthema, zuhause beflügelt durch ihre FIV-Kater und den Hund. (Über ihre Erfahrung als Hundeneuling gibt es ein eigenes Buch.) Auch zu anderen Themen ist sie hin und wieder mit Kurzgeschichten in Lesungen vertreten, seit Anfang 2023 im quartalsweise stattfindenden „Kleinen Kulturcafé" in Duisburg-Homberg. Neuerscheinung 2024 ist das humorige Büchlein „Stehrumchen".

Weitere Details auf www.silke-schaefer.de

Renate Schiansky, Springergasse 14/3, A-1020 Wien, Österreich

● *1959 in Wien, zwei Kinder,

● war 20 Jahre lang Sachbearbeiterin der Rechtsfürsorge im Jugendamt

● mag außer Büchern auch noch Fotokameras, Sprachen und alte Landkarten

- hat Papier und Stift immer griffbereit
- schreibt für Magazine und Anthologien, auch gerne im Dialekt
- lebt mit Bartagame Siegfried in Wien und wäre am liebsten ständig auf Reisen

Bibliographie, auszugsweise:	Stacheldraht und weiße Margeriten
	13
	Nicht immer ganz ...
	Zwischen gestern und hier
	Carla das Chamäleon
	Fernweh

https://renateschiansky.wixsite.com/carlainthesky

https://www.instagram.com/carlaintheskies

Rita Steinicke

Florian Waldner lebt und schreibt unter Aufsicht seines Katers Balthasar im schönen Bregenzerwald. Wenn der Lehrer nicht gerade bei der Hausaufgabenkorrektur verzweifelt, versinkt er in uralten Klassikern, erntet er armlange Zucchini und beobachtet die Spatzen in seinem Garten. Seine Texte erschienen in mehreren Anthologien und Zeitschriften.

Adresse: Florian Waldner, Heidegg 471, 6866 Andelsbuch, Österreich

Mail: waldner.florian@gmail.com

Website: https://florian-waldner.at

Studio für Orientalischen Tanz

Bodywave

Tanzunterricht
mit Herz und Hüfte

Kurse für Anfängerinnen und Fortgeschrittene

Workshops zu verschiedenen Themen

Tanzprojekte, Tanzausbildung, Privatunterricht

Bei uns bekommt deine Hüfte den richtigen
Schwung. Bauchtanz macht Spaß, du lernst
neue nette Leute kennen, kannst dich
wohlfühlen in angenehmer Atmosphäre und
wirst dabei begleitet von einfühlsamen, gut
gelaunten Trainerinnen.

Komm einfach vorbei zur Probestunde.

Aktuelle Infos und Angebote unter
www.sahela.de

Tanzstudio Bodywave, Am Blaufuß 22a, 46485 Wesel, 0281 - 8 11 00 95

Wir sind für Katzen da!

2013 fand sich eine kleine Gruppe von Katzenliebhabern zusammen, die vor dem Elend der Straßenkatzen nicht mehr länger die Augen verschließen konnten!

Im Februar 2014 entstand daraus unser Verein, die Katzenhilfe Bocholt e.V. Wir leisten diese Arbeit ehrenamtlich und unentgeltlich. Wir finanzieren uns durch Spenden und Mitgliedsbeiträge.

Unsere Aktivitäten:

- wir kümmern uns um verwilderte und ausgesetzte Katzen

- wir lassen herrenlose Katzen kastrieren, damit sie sich nicht unkontrolliert vermehren

- wir lassen kranke Tiere medizinisch versorgen, damit kein Tier sich selbst überlassen ist

- wir betreuen Pflegestellen

- wir pflegen die Zusammenarbeit mit anderen Tierschutzorganisationen, Tierärzten und Tierheimen.

Sie möchten unsere Arbeit unterstützen? Wir freuen uns über jede Hilfe - bitte kontaktieren Sie uns.

Nur zusammmen sind wir stark.

TIERSCHUTZ MIT HERZ
KATZENHILFE BOCHOLT e.V.

www.katzenhilfe-bocholt.de

0177-710 42 98

info@katzenhilfe-bocholt.de

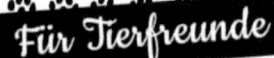

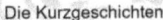